ドリフターズとその時代

笹山敬輔

文春新書

1364

はじめに

ザ・ドリフターズはその存在の大きさに比して、正当に評価されていないのではないか。私はずっとそう感じてきた。

もちろん、『8時だョ！全員集合』と『ドリフ大爆笑』は日本のテレビ史に燦然《さんぜん》と輝く金字《きんじ》塔《とう》であり、現在も総集編がゴールデンタイムで放送されている。二〇二〇年に志《し》村《むら》けんが亡くなった際には、海外メディアも速報で伝えたように、ドリフは国内外に多くのファンをもつ。彼らの人気と実力は誰もが認めるところだ。

その一方で、メンバーの自伝や番組スタッフによる回顧録はあるものの、第三者によってドリフが本格的に論じられたことはない。日本の「笑い」については、小林信彦《こばやしのぶひこ》の名著『日本の喜劇人』が登場して以来、喜劇人や芸人が研究の対象になってきた。笑いを論じた本は数多くあり、植木等《うえきひとし》や萩本欽一《はぎもときんいち》、ビートたけし、タモリらが、時代精神を体現した存在として語られている。だが、ドリフを歴史的に位置づけ、全体像を描き出そうという試みはついぞなされてこなかった。

おそらくドリフは語りにくいのではないか。批評の言葉が得意とするのは、時代の先端に立って社会を風刺する笑い、人々の価値観を揺るがすような笑い、メディアの手法を実験的に開拓する笑い、などだ。初期の頃からマンネリと言われてきたドリフは、どこか時代に背を向けたところがある。ドリフの笑いは分かりやすいがゆえに、それ以上の解釈を必要としなかったのだろう。

だが、公式には二〇二四年に結成六十周年を迎えるドリフは、戦後日本において、長らく大衆の心性をつかんできた。いささか大仰《おおぎょう》にいえば、ドリフは国民の記憶である。ドリフを語ることは、戦後の日本人を語ることになるはずだ。

本書の目的は、日本の戦後史のなかにドリフを位置づけ、日本人にとってドリフとは何だったかを明らかにすることである。その際、一つの軸として演劇史の視点を導入したい。一般的に言えば、ドリフはテレビのバラエティ番組で活躍するコントグループであり、演劇のイメージはないだろう。だが、『全員集合』はテレビ番組であると同時に舞台の生中継であり、メンバーもドリフの笑いは舞台が基本だと語る。また、志村けんは『全員集合』終了後も舞台に立つコメディアンの矜持《きょうじ》を持ち続け、晩年は舞台に活動の拠点を移して、「喜劇王」と呼ばれるようになった。

私は日本近代演劇研究を専門にしており、ドリフの演劇性は十分特筆に値すると考えてきた。『全員集合』の舞台美術は歌舞伎の技法の応用であり、ドリフの底流には歌舞伎の伝統が流れているのではないか。観客が舞台に向かって叫ぶ「志村、後ろ後ろ」は、現代演劇が追求する舞台と観客の理想的な交流と言えるのではないか、などなど論点は尽きない。

本書では、演劇史のなかのドリフを考えるにあたり、演劇と国民／大衆の関係に注目している。日本の近代演劇は国民／大衆に対して、いかにして健全な娯楽を提供するかという問題意識をもっていた。新国劇が流行させた剣劇／チャンバラや、小林《こばやし》一三《いちぞう》が育てた宝塚歌劇は、そうした実践のひとつのかたちである。ドリフもまた、高度経済成長期以降の日本において、常に大衆と向きあってきた。日本の近代演劇史の文脈にドリフを接続することで、志村けんはなぜ最後の「喜劇王」なのか、私たちは志村けんの死によって何を失ったのかが明らかになるだろう。

ドリフの歴史を描くにあたっては、当時の新聞や雑誌を渉猟《しょうりょう》し、複数の資料を検証しながら歴史的記述をするように心掛けた。その一方で、無味乾燥な事実の羅列にせずに、荒《あら》井注《いちゅう》を含めたメンバー六人の群像劇として提示するよう努めている。

ドリフは私にとって生まれて初めてのスターだった。同級生は中学、高校に上がるにつれてドリフから「卒業」していったが、私は「卒業」しなかった。必ずしもすべてのコントが面白かったわけではないが、意地でも見続けた。今ようやく、あの頃に感じていたドリフの魅力を言語化できる。本書を通じて、ドリフの尽きせぬ魅力を読者と共有できればうれしい。

ドリフターズとその時代◎目次

凡例
『8時だョ!全員集合』の前半コントのタイトルは、山田満郎著、加藤義彦取材・構成『8時だョ!全員集合の作り方』（双葉社、二〇〇一年）に掲載されている「全放映リスト」に依拠している。

第一章　遅れてきた青年いかりや長介

ビートルズ来日公演

日本武道館の付近一帯は、まるでクーデターでも起きたかのようだった。一九六六年六月三十日からの三日間、ザ・ビートルズ来日公演が行われる。その警備のために、警官と機動隊あわせて千七百人が動員され、四十台の装甲車、七十台のジープとパトカーが会場を取り囲んだ。お濠《ほり》にはボートが二艇、近くの靖国神社内には十五台の消防車が待機している。来日が決まってから、大日本愛国党の赤尾《あかお》敏《びん》総裁がビートルズ来日反対演説を数寄《すき》屋橋《やばし》で行うなど、右翼によるテロが真剣に憂慮されていた。あらゆる不測の事態に備えて、国家が威信をかけて万全の警備体制を敷いたのである。

今ではライブの聖地と呼ばれる日本武道館だが、ポピュラー音楽のコンサートはこれが初めてだった。法隆寺夢殿《ほうりゅうじゆめどの》をモデルにデザインされた武道館は、この二年前に東京オリンピックの柔道会場として建設されたばかりで、武道の殿堂でのロック・コンサートには、政界からも反対の声があがったほどだ。

　熱狂の初日、客席には少年少女を中心に約一万人が詰めかけた。十八時三十分を過ぎてから開演のブザーが鳴り、司会としてマルチタレントのE・H・エリックが登場する。公演は二部構成で、第一部は日本のミュージシャンによる前座だった。最初にロック歌手の内田《うちだ》裕也《ゆうや》や尾藤《びとう》イサオらが『ウェルカム・ビートルズ』を歌い、続いてメインステージの後ろから五人の男たちが登場した。バンドの名はザ・ドリフターズ。正面のマイクに着いたいかりや長介《ちょうすけ》が叫ぶ。

「行くぞー。ワン、ツー、ワン、ツー、スリー、フォー」

　いかりやはすぐに後ろへ下がり、ボーカル兼ギターの仲本工事《なかもとこうじ》がマイク前に立ち、英語で歌いはじめた。曲はロックンロールのスタンダードナンバーで、ビートルズの持ち歌でもある『Long Tall Sally』（のっぽのサリー）だ。いかりやがベース、高木《たかぎ》ブーがギター、加《か》藤茶《とうちゃ》はサブステージでドラムを叩き、いつもピアノ担当の荒井注は仕方なくベースを弾くふりをしている。間奏では、荒井と高木がステージを軽快に走り回った。曲の終わりで全員が一斉にズッコケ、正面に出てきた加藤がニヤッとして一言、「バカみたい」。いかりやの「退散」の声とともに全員が足早に去っていった。この間、わずか一分である。

　この日の前座には、渡辺プロダクション所属のタレントが複数出演した。当時のビートルズは、一回のライブが十一曲三十五分を基本としていたため、前座の存在が欠かせない。渡辺プロが一手に引き受けたのは、放映権を獲得した日本テレビと強いパイプがあったからだと言われている。なかでもドリフは、音楽ギャグで会場をわかせることを期待された。

　だが、いかりやにとって、それは迷惑な仕事でしかなかった。この時点でのドリフはようやくメンバーが固まり、新体制の五人で再出発してから二年目を迎えたところだ。まだドリフの名を冠した番組もなく、ジャズ喫茶や演芸番組のための新ネタづくりに追われ、とにかく忙しかった。そもそも、ビートルズの登場を待ち構えている客前でギャグをしてもウケるわけがない。いかりやは、ステージに上がってすぐに場内の異様な雰囲気を感じとった。だから、二日目昼公演の最後に「逃げろ」と叫んだのは、心から出た言葉だろう。

　ドリフはもともと音楽バンドだった。だが、メンバーの音楽のバックグラウンドはカントリー、ハワイアン、ロカビリー、ジャズとそれぞれ異なる。年齢も前座を務めた時点で、荒井三十七歳、いかりや三十四歳、高木三十三歳、仲本二十四歳、加藤二十三歳と随分ひらきがある。そのため、ビートルズに対する見方も様々だった。いかりやと高木が当時を振り返って、特別な興味はなかったと記している一方で、仲本はビートルズの曲を譜面に起こしたことがあり、そのコード進行が斬新で衝撃を受けたという。このときビートルズに強い憧れを抱いていたのは、いかりやに弟子入りする前の、十六歳の志村けんである。

　志村が客席からドリフの前座を見ていれば運命的なストーリーになったのだが、残念ながら、彼が見た最終日昼公演にドリフは出演していなかった。

　志村は中学生のときビートルズに出会う。初めて買ったレコードが『ラヴ・ミー・ドゥ』で、曲だけでなく反骨精神にも惹かれた。その影響から、背広にネクタイが制服の高校で、一人だけ長髪にタートルネックで通した。友だちとバンドを組み、ドラムセットの代わりにダンボールを叩いて練習し、ビアガーデンのステージで演奏したこともある。ビートルズ来日公演は、彼が高校二年生のときだ。何としても見に行きたかったが、チケットが手に入らない。たまたま同級生の女の子が持っていると聞き、「俺が見た方が絶対にいいから」と強引にお願いして、譲ってもらった。

　第一部が終わり、休憩をはさんでビートルズが登場する。約三十分のステージは、あっという間の出来事だった。アンコールもなく、最後の曲を終えると四人はすぐに姿を消したが、志村はいつまでも胸の高鳴りが止まらなかった。「ギターのジャックをポーンと捨てて帰ったのがカッコよかったねえ。それで『ブーン』て音がステージに残ってて、『ウワーッ、やるなあ！』と思いましたよね」（『ノーサイド』一九九五年十一月号）。

一方、前座の出演者は楽屋でビートルズに会えないのはもちろん、チケットがなければ第二部を見られなかった。二日間出演したドリフのメンバーが裏からこっそりステージを覗くと、後ろ姿だけが見え、客席の大歓声にかき消されて歌声は何も聞こえなかった。

ザ・ドリフターズ創世記

ドリフのルーツをたどると、進駐軍クラブに行き着く。

進駐軍クラブとは、ＧＨＱ占領下にアメリカ軍の基地やキャンプにつくられた娯楽施設で、兵士たちに酒や食事、バンド演奏などを提供していた。「オフリミット」と呼ばれる日本人立ち入り禁止のその空間には、コーラとハンバーガーがあり、ジャズやハワイアン、カントリー＆ウエスタンなどのアメリカ音楽が流れていた。敗戦の傷跡が残り、飢えと貧しさが広がる外の世界とは対照的に、豊かな物資と文化があふれている。そこは占領下に突如現れた、日本のなかの「アメリカ」だった。

一九四五年九月二日、アメリカ戦艦ミズーリ号で降伏文書調印式が行われ、日本は連合国の占領下に置かれた。以後、実質的にアメリカ軍である連合国軍は、日本全土に進駐を開始し、その数は年末に四十万人を超えた。各地で土地や建物が接収され、進駐軍クラブも全国に誕生している。一説によれば、その数は五百以上にのぼったという（東谷護『進駐軍クラブから歌謡曲へ』）。

アメリカ兵の前で演奏したのは、日本人のバンドマンである。彼らは「オフリミット」に立ち入ることができた数少ない日本人だった。だが、つい昨日まで敵性音楽が禁止されていたなか、にわかに降ってわいた需要に対して、供給が圧倒的に不足していた。そのため、軍楽隊出身者や、戦前から活躍していたジャズミュージシャンだけでは追いつかず、高校生や大学生がアルバイトとして出演した。楽器ができずに演奏のまねをするだけの者がいる一方で、そのなかから腕を磨いて戦後の芸能界でスターになる者も現れる。

クラブは出演者だけでなく、彼らを斡旋する仲介業者も必要とした。その草分けは、一九四五年十一月に設立された日本演芸社である。だが、英語さえできれば、個人の才覚で参入した者も多かった。彼らはそこで人脈を築き、マネジメントのノウハウを身につけ、のちに芸能事務所を立ち上げた。その代表的な存在が、渡辺プロダクションの創業者となる渡辺晋《わたなべしん》だ。ほかにも、ホリプロダクションの堀威夫《ほりたけお》やサンミュージックプロダクションの相澤《あいざわ》秀禎《ひでよし》がバンドマンとしてクラブに出入りしており、ビートルズ来日公演を実現させたプロモーターの永島《ながしま》達司《たつじ》は、クラブのマネージャーだった。いうなれば、日本の戦後芸能界そのものが、日本のなかの「アメリカ」を母体として生まれてきたのである。

一九五二年四月にサンフランシスコ講和条約が発効し、占領は終結した。とはいえ、アメリカ軍の撤退と接収解除がすぐに進んだわけではない。音楽研究者の青木《あおき》深《しん》は、戦後日本の米軍基地と音楽を分析した大著『めぐりあうものたちの群像』において、対象とする年代範囲を一九四五年から一九五八年に設定している。その著によると、一九五二年以降も米軍基地は広範囲に存在し、多くのアメリカ兵が来日していた。地上戦闘部隊がようやく「本土」から撤退するのは一九五八年のことであり、その時期には米軍関連の芸能の仕事も減ったという。

ドリフは、そんな一九五〇年代に米軍基地やキャンプを回っていたバンドマンのなかから誕生する。正確な年月は確定しないが、一九五六年頃、「マウンテン・ボーイズ」と「東京ウエスタン・ボーイズ」が合併し、新しいバンドは「サンズ・オブ・ドリフターズ」と名づけられた。リーダーは、のちに芸能プロダクションの社長となる岸部《きしべ》清《きよし》で、おなじみのメンバーは一人もいなかった。名前はアメリカのコーラスグループ「ザ・ドリフターズ」に由来すると言われてきたが、青木深は、アメリカのバンドでコーラスを重視したカントリー&ウエスタンの「サンズ・オブ・ザ・パイオニアーズ」をモデルにつくられたと記している。まだコミック要素はなく、純粋な音楽バンドだった。

当時のバンドはどこもそうだが、メンバーが目まぐるしく入れ替わる。一九五七年二月、山下敬二郎《やましたけいじろう》がボーカルとしてドリフに参加した。山下によれば、ドリフは岸部の方針で、ジャズ喫茶よりも米軍キャンプの仕事を優先したため、国内の人気で後れをとっていたという。彼はまもなくウエスタン・キャラバンに移籍し、平尾昌晃《ひらおまさあき》、ミッキー・カーチスとともに「ロカビリー三人男」と呼ばれ、時代の寵児になった。

一九五八年五月、サンズ・オブ・ドリフターズは「ドリフターズ」に改名した。資料によっては「井上《いのうえ》ひろしとドリフターズ」と記されており、井上がメインボーカルを務めていた。リーダーは変わらず岸部である。この頃にテストを受けてバンドボーイ（付き人）になったのが、まだ十六歳の坂本九《さかもときゅう》だ。その後、正式なメンバーに昇格するが、彼も短期間で他のバンドに移籍している。岸部清に言わせれば、山下敬二郎、井上ひろし、坂本九らを輩出したドリフは「バンドボーイの名門」だった（永六輔『坂本九ものがたり』）。

ドリフが笑いを取り入れるきっかけとなったのは、一九五九年末に起きた分裂である。

ドリフは、井上が歌謡曲を歌って成功したため、ロカビリーをやりたいメンバーとの間で路線対立が起きていた。ついには「井上ひろしとファイブ・サンズ」と「桜井輝夫《さくらいてるお》とドリフターズ」の二つに割れた。リーダーになった桜井はこのとき、ドリフの進むべき道を考えたのだろう。ちょうどクレイジーキャッツがテレビにも出演し、コミック・バンドとして人気を得ていた。ドリフの再出発から半年後、桜井は雑誌で次のように語っている。

〈歌や演奏だけをきかせるだけのバンドの時代はもう去り、これからはもう一歩つっこんでお客とステージの交流をもっと接近したものにしなければならないと思うんです。…（中略）…なごやかな雰囲気を作るためにはなんと云っても〝笑い〟が一番大事だと思うので、キドった四角ばった演奏でなく、お客さんが愉快に思ってくれるようなコミカルなプレイを大いにやってみようと思っているのです〉（『ミュージック・ライフ』一九六〇年七月号）

　桜井は、ドリフを音楽と笑いができるバンドに育てようとしていたのだ。ようやく私たちの知っているドリフに近づいてきた。

　とはいえ、肝心の笑いのできるメンバーが少ない。一九六〇年春にバンドボーイから抜擢した二十歳の小野《おの》ヤスシが、二枚目で女性人気が高いだけでなく、三枚目になって笑わせていた。ほかにも、ビブラフォン担当でギャグやものまねを器用にこなすポン青木《あおき》がいた。だが、バンド全体としては笑いに振り切れず、中途半端さは否めない。

そんなとき、桜井は「ジミー時田《ときた》とマウンテン・プレイボーイズ」というバンドでギャグをやっている男に目をつける。その男はもっとギャグをしたかったが、それを嫌がるメンバーとの間に軋轢《あつれき》を抱えていた。桜井は彼のそんな心を見透かすかのようにドリフへと勧誘した。

その男こそが、のちにいかりや長介となる碇矢長一《いかりやちょういち》である。

魚河岸の父

一九三一年十一月一日、碇矢長一は東京市本所区（現・墨田区）に碇矢家の長男として生まれた。住まいは業平橋《なりひらばし》近くの借家で、今そこから空を仰ぐと目の前にスカイツリーが見える。西に隅田川が流れ、吾妻橋《あづまばし》を渡れば十分で浅草まで行けた。家のすぐ裏にある棟割長屋では、住人がしょっちゅう揉め事を起こしている。長一は、いわゆる下町育ちの江戸っ子だった。父の一郎《いちろう》は築地の魚河岸で働き、母が結核を患ってほとんど会えないまま四歳のとき他界したため、長一は父と祖母に育てられた。

一郎は「恐い親父」だった。だが、親父は恐くなければいけないとも思っていた。近所の人から「碇矢さんとこのお父さん、恐いねぇ」と言われると、妙にうれしかった（『女性自身』二〇〇一年七月十日号）。のちに自らをファザコンと語るように、長一には父性への強い憧れがある。その憧れが、ドリフにおける怖くて強いリーダー像の原点だろう。

　魚河岸の男たちは、江戸っ子の気風を象徴するような存在だ。一郎もまた、口が悪くて喧嘩っ早いが、心根はやさしかった。喧嘩に負けるのが嫌で、嘉納治五郎《かのうじごろう》が創設した講道館に通い、柔道三段にまでなっている。長一が二十歳を過ぎた頃、父に寺の境内に連れて行かれ、「思いっきり俺にかかって来い」と言われたことがある。今なら勝てるかもしれないと思って突進したが、父に触れることもできずに、体が空を飛んだ。手加減する余裕まである父に、長一は「こりゃかなわねえな」と思った。

　魚河岸は朝が早いから、仕事が昼前に終わる。長一が小学校から家に帰ると、父はもう酒を飲んでいた。そして時々、長一を浅草へと連れていってくれた。

　浅草寺の西側に位置する浅草六区は、映画館や軽演劇の劇場が立ち並び、いつも賑わっていた。だが、昭和の初めに東宝が有楽町・日比谷エリアに劇場街を建設したため、興行街の覇権が移り、「喜劇王」のエノケン（榎本健一《えのもとけんいち》）やロッパ（古川《ふるかわ》ロッパ）もすでに浅草を離れていた。彼らが去った後の浅草で「喜劇王」になったのは、清水金一《しみずきんいち》、通称シミキンである。萩本欽一が登場したとき、多くの人がシミキンに似ていると評したように、シミキンの芸風は明るくて、アドリブが上手くて、何より華があった。

「待ってました、キンちゃん。ミッタァナクテシャーネー」

長一の隣で父が盛んに掛け声を掛けた。シミキンが出演する劇場は通路にまで人があふれ、熱気に満ちている。そこには、労働に疲れた庶民がつかの間の娯楽を楽しむ姿があった。日本が泥沼の戦争に突入し、世相が暗くなるなか、その場所だけは明るく輝いていた。

笑いが好きだった父は、芸人に対して一家言あった。長一は、どの芸人が伸びるかを父から教わった。食べ物でもなんでも、父の好みの影響を強く受けた長一は、芸人の見方もそのとき身につけたのかもしれない。ドリフでコメディをはじめてからは、「やるなら俺を笑わせてみろ、俺を笑わせたら一人前だ」と、父からよく言われた。長一はいつしか、父に誉められたいと思うようになった。

彼の笑いのルーツを探ると、もう一つ、小学校での喜劇体験がある。彼が通った横川国民学校の教員には、戦後に書家として名を成す井上有一《いのうえゆういち》がおり、長一の担任をしていた。井上はそれから三十年後に次のような思い出を記している。

〈彼が卒業するまでの三年間はまだ本土空襲も始まらずのんきなところもあった頃で、ぼくはよく戦争に材料をとったドタバタ喜劇を作っては演出、出演などして楽しんだ。長介があんなことをやるようになったのもその影響かも知れない。〉（海上雅臣『井上有一』）

また、喜劇ではないが、六年生の学芸会で木下藤吉郎の劇を上演したとき、井上は長一を主役に選んでいる。終演後に長一は父兄や同級生に誉められ、人前で演じることの喜びを知った。「それから人の視線の中で何かするってことに自信がもてた」気がした（『婦人倶楽部』一九七八年五月号）。

疎開生活

いかりやは、自分の人生にないものはコントにできないと語る。だから、ＳＦのような未来を描いたものは苦手だった。『全員集合』のコントは過去をベースにすることが多く、一九七〇年代においても、その舞台設定はどこか古くて懐かしい。最も回数の多い「学校コント」は、田舎の僻地《へきち》にある小さな「分教場」をイメージしてデザインされた。木造の校舎に木製の机と椅子、冬はダルマストーブ、窓の外には季節に合わせた山や田畑が広がっている。セットデザイナーの山田《やまだ》満郎《みつろう》によれば、ドリフには田舎の景色が似合うからだという。くわえて、いかりやにとってのそれは、疎開先で見た風景に近いのではないか。

一九四四年春、碇矢家は富士山の南側に位置する原田村（現・富士市）に疎開した。父は軍需工場に働きに出るが、まもなく召集令状が届き、兵役についた。

東京の下町で育った長一にとって、つらく厳しい疎開生活がはじまった。例のごとく、都会の子は学校でいじめにあう。田舎は少なくとも食べ物にだけは困らないはずだが、東京では父が魚河岸から平気で魚を持って帰っていたため、食生活はむしろ貧しくなった。祖母が着物を売って食料に換えるだけでは足りず、自分たちで畑を耕すしかない。よそ者にはやせた土地しか残っておらず、長一は雑木林を開墾し、イモやカボチャをつくった。不足する塩分を補うために、四キロ離れた海岸まで海水を汲みに行き、その海水でイモや菜っ葉を煮炊きして食べた。そんな生活では当然、栄養失調になる。抵抗力が落ちた体で蚊やブヨに刺されると、すぐに化膿し、その痕は大人になってからも消えなかった。

一九四四年七月、日本の「絶対国防圏」であるサイパン島が陥落し、アメリカ軍は日本本土全域を攻撃範囲に収めた。十一月から東京空襲がはじまり、Ｂ29爆撃機が南方から富士山を目標に飛来する。長一は真上を飛ぶＢ29の姿を何度も目撃した。そして翌年三月十日未明、Ｂ29約三百機が東京上空に現れ、約千七百トンの焼夷弾を投下、下町一帯を焼き尽くした。死者は十万人を超え、焼け出された人は百万人にのぼった。

その夜、宿直をしていた井上有一は地獄のような光景を目撃している。自らも仮死状態になり、教え子を何人も亡くした。それから約三十年後に、その体験を表現した書『噫《ああ》横川国民学校』は、ピカソのゲルニカを連想させると評されている。もし碇矢家が疎開生活に音を上げて東京に戻っていたら、長一もこのとき命を落としていたかもしれない。

一九四五年八月十五日、長一は十三歳で敗戦を迎えた。父は外地に出征することなく、配給の米と大量のタバコの葉を担いで帰ってきた。父に言わせれば、軍のトラックに積んで物資を持ち出した将校に比べれば、ずっとマシだという。

碇矢家は戦争を生き延びた。生き延びられたのは父に従ったからだ、と長一は思った。

〈親父はぼくも含めて家族抱えて、疎開でもなんでも、親父の判断ひとつ間違ったらだめっていう、そういう時代を生きてきましたからね。とくに親父が偉いというのではないですけど、みんなが親父の命令に従わないと死んじゃうという、そういう親父に対する依存みたいなものがあったと思うんですよ。だから、親父が右向けって言ったらば右。こっちに行ったら、死ぬぞと思っても行っちゃうと言いますか。〉（久米宏『最後の晩餐』）

父には乱暴なところもあったが、一方でものすごく慎重な一面をもっていた。それは、家族の運命を一身に背負い、常に家族のことを考えていたからこそである。「親父の一生というのは、それほど自分の好きなことはやってなかったんじゃないかなぁ」（同前）。酒を飲む以外にたいした道楽もなく、父は責任を全うした。

それから二十年後、ドリフのリーダーになった長一も、メンバーの生活を背負い、ドリフを守るために戦っていくことになる。

父が家に持ち帰った米で、祖母はドブロクをつくることにした。父に飲ませ、少しでも労をねぎらおうとしたのだろう。だが、長一が空腹に耐えきれずにつくりかけをこっそり食べてしまった。すでに発酵が進んでおり、みるみる顔が赤くなっていく。怒られると思ったが、それを見た父は長一の顔を指差しながら、腹をかかえて笑っていた。最後に浅草へ行って以来久しぶりに、長一は声をあげて笑う父の姿を目にした。

アボット&コステロ

国民学校高等科（現在の中学校）を卒業した長一は、一家を支えるために働きに出た。定時制高校を中退したと記す資料もあり、働きながら学校に通った時期もあったのだろう。まだ食べ盛りの弟と妹のためにも、働ける者は働かなければならない。紙ひも工場、砂糖工場、下駄屋の職人、製紙工場など、少しでも高い給料を求めて、職を転々とした。

長一は東京が恋しかった。空襲の恐怖がなくなり、いつでも東京に戻れたはずだが、父はいっこうに動こうとしなかった。父はうまく田舎暮らしに溶け込み、結局、死ぬまでその地に留まることになる。一方、幼くして都会の文化を知った長一は、閉鎖的な田舎に馴染めず、東京への思いが募るばかりだった。そんな彼でも、映画を見ているときは、自分が東京とつながっていると思えた。

敗戦後、それまで禁止されていたアメリカ映画が、堰《せき》を切ったように日本に入ってきた。ＧＨＱは日本の「民主化」と「非軍事化」のために映画を積極的に活用し、ハリウッドはその大義の下に市場の占有を狙った。その結果、占領期間中に公開されたアメリカ映画は六百本を超える。日本人は映画を通して、アメリカン・デモクラシーを学び、アメリカン・ウェイ・オブ・ライフに憧れた。長一もまた、その一人である。彼は西部劇と喜劇映画が好きで、なかでもアボット＆コステロの映画は必ず見に行った。

バッド・アボットとルウ・コステロのコンビは、一九四〇年代から五〇年代にかけてアメリカで人気を集めたコメディアンである。日本では凸凹《でこぼこ》コンビとして親しまれ、やせたノッポのアボットがツッコミ役、小柄なデブのコステロがボケ役だ。凸凹シリーズを今見ると、ドリフを彷彿《ほうふつ》とさせるギャグに出くわす。『凸凹フランケンシュタインの巻』に次のシーンがある。コステロが一人で部屋にいると、ドラキュラの棺から「ギギーッ」ときしむ音が聞こえてくる。怯《おび》えるコステロは助けを呼ぶが、アボットが駆けつけると何も起きない。再び一人になると、棺からドラキュラの手が出てきて、「ギャー」。これが繰り返される。アボットをいかりや、コステロを志村に置き換えると、そのまま『全員集合』のコントだ。アボット＆コステロの映画がドリフの笑いに与えた影響は大きい。

　長一は、映画で笑っていると日々のつらさを忘れられた。彼が映画館に行けるのは、せいぜい月に一度きりだ。稼いだ給料のほとんどを家に入れていたため、自由に使える金はわずかしかない。バス代を節約し、映画館まで四キロの道を下駄をはいて歩いていく。途中で屋台のラーメン屋を見つけるといつも悩んだ。ここでラーメンを食べたら映画を見られなくなる。長一は空腹をぐっとこらえて、再び歩き出した。

〈いろんな思いを抱えて、月に一度のチャンスを映画にかけていたわけです。だからこそ、観た映画がよかった時はうれしくてうれしくて、映画館に手を合わせたい気持ちでね。

　逆にそれが裏切られた時の無念さ。スクリーンを破いてやろうかと、はらわたが煮えくり返るような思いでしたよ。
よく「お客さんを裏切っちゃいけない」なんて言いますけど、それは本当に身に染みてわかってますね。〉（『person』二〇〇二年四月号）

普通に生活している人々にとって、娯楽がいかに大事か。長一は貧しい暮らしのなかで、そのことを強く実感していた。

キャバレー「ロマン」

長一にはもう一つ、日常を忘れられるものがあった。音楽である。彼は少しずつ貯めた金で一本のギターを買い、独学で練習した。夢中でギターを弾いていると、東京の文化とのつながりを感じられる。音楽は次第に彼の生きる糧となった。

長一が工場の休み時間に弾いていると、周りに人が集まり、音楽をきっかけに仲間ができた。長一は彼らとともにハワイアンのバンドを結成し、本格的に練習をはじめた。バンド活動が面白くなると、だんだん仕事に身が入らなくなる。夜はキャバレーやダンスホールにアルバイトで出演し、昼間は居眠りばかりしていた。社内の評判は最悪だが、そんなことは関係ない。長一はいつしか、プロのバンドマンになりたいと願うようになった。

いつ頃か分からないが、長一は東京で洋品店を営むおじを頼って、一時期上京している。バンドマンとして修業するつもりだったが、露天商や行商の仕事を手伝う羽目になったようだ。このときの経験がその後、客前での話術に活かされているのだろう。テキヤ稼業で口舌を磨いた過去をもつ渥美清《あつみきよし》とどこか似ている。久しぶりの東京生活は、おじの家が火事になったためすぐに終わりを迎え、静岡に戻って仕事をしながらバンド活動を再開した。

　長一は会社を辞め、真剣にプロを目指そうと考えた。だが、父が何と言うか。芸事好きの父なら許してくれると考えていた長一は、全くあてがはずれた。父は猛烈に反対した。芸人の世界を見てきたからこそ、その厳しさも知っていたのだ。

　父は夜十時の門限を課し、「破ったら頭から水をぶっかけるぞ」と怒鳴りつけた。夜の店で働きながら、門限など守れるはずがない。ある日、ついに門限を過ぎてしまう。長一は父が寝静まるのを待ち、真夜中に家に帰ってきた。ところが、家からは明かりがもれている。窓から覗くと、まだ起きている父の傍に、なみなみと水の入ったバケツが置かれていた。怖気づいた長一はそのまま引き返し、仲間のアパートに泊めてもらった。翌日も帰るに帰れず、そのまま幾日も過ぎていった。

　しばらくしてから、父が自転車に乗ってダンスホールに現れ、自転車から降りることなく、一言だけ残して帰っていった。

「おまえな、それで食えるまでがんばれよ」

長一はその言葉を「食えるならいいよ」と解釈した。もちろん、本当は「食えるわけないだろ」の意味だと分かっていた。それは、ただ一度の父への反抗だった。嘘であっても、父に背中を押してもらったと思いたかったのだろう。

一九五三年頃、自らがバンドマスターを務めていた「ローズ・ハワイアン」が、沼津市にあるキャバレー「ロマン」と契約し、専属バンドになった。長一が二十一歳のときである。沼津のはずれに店の寮があり、彼もそこに移り住んだ。寮は平屋建ての倉庫をベニヤ板で四畳半六部屋に区切っただけで、一部屋に二人ずつ入る。一ヶ月の給料は食費とタバコ代で消えた。先の保証は何もないが、プロとしての生活がそこからはじまった。

長一がバンドマンになった動機には、モテたいという気持ちが当然ある。だが、舞台でギターを弾いていると、酔っ払いから「農業組合でビールを飲んでる気分になる」と揶揄《からか》われた。東京生まれなのに、あか抜けない顔をしていたのだ。それでも、そんな彼に声をかけてくれるホステスが一人いた。名前は青山繁子《あおやましげこ》、長一より一歳年下だった。姉御肌で、長一を飲みに連れ出すだけでなく、小遣いまでくれた。バンドの将来に不安を感じていた長一が相談すると、彼女は励ましてくれた（『週刊平凡』一九七二年六月十五日号）。

「30歳すぎまでは、いろいろやってみたら。それでもダメなら、それからカタギになってもおそくはないわ」

そして二人は恋に落ちた。長一は風呂敷に衣裳と下着を包んで、彼女のアパートに転がり込んだ。彼の荷物は衣裳ダンス一段分しかなかった。二人が正式に結婚するのは、一九六一年のことである。

遅れてきた男

一九五〇年代の日本は、敗戦後の混乱からようやく立ち直り、復興から成長へと歩みはじめていた。それに伴って進駐軍クラブで流れていた音楽も、オフリミットの柵を越えて広がっていく。一九五一年からの数年間、日本に空前のジャズ・ブームが起き、各地で開かれたジャズコン（ジャズ・コンサート）には熱狂的なファンが押し寄せた。その後もアメリカのポピュラー音楽が進駐軍クラブを窓口にして次々と入り込み、日本の音楽に影響を与えていった。一九五八年に開催された第一回日劇ウエスタン・カーニバルでは、失神する少女が続出して社会問題になり、「ロカビリー旋風」を巻き起こしている。

一方で、一九五〇年代はテレビ局が続々と開局し、新たなメディアが黎明期を迎えた時代でもある。進駐軍クラブで仕事をしていた歌手やバンドマン、仲介業者のなかから、テレビの世界で頭角を現す才能が誕生した。学生時代に進駐軍相手のバンドを率いていた井《い》原高忠《はらたかただ》は、一九五四年に日本テレビに入社し、『光子の窓』や『巨泉《きよせん》×前武《まえたけ》ゲバゲバ90分！』、『11ＰＭ』など数多くの番組を手掛けている。日本のバラエティ番組もまた、アメリカの強い影響を受けて生まれてきた。なかでも、テレビ草創期のバラエティで活躍したスターといえば、やはりクレイジーキャッツだろう。

一九五五年、渡辺晋が渡辺プロダクションを設立し、彼の後押しで「ハナ肇《はじめ》とキューバン・キャッツ」が結成された。進駐軍クラブのステージで、アメリカ兵から「ヘイ、クレイジー」と言われ、これをきっかけにバンド名も「ハナ肇とクレイジーキャッツ」に改名している。一九五七年に日本劇場（日劇）に進出、翌年には日本テレビの『光子の窓』に出演するなど、一九五〇年代終わりのクレイジーは、ブレイク前夜を迎えていた。

このとき二十代も後半に差し掛かっていた長一は、まだ静岡にいる。東京の下町に生まれながら、彼は一九五〇年代の東京を体験できなかった。芸能史からいえば、ドリフはクレイジーの後継者になるが、いかりや長介（一九三一年）と生年を比較すると、植木等

（一九二六年）、ハナ肇（一九三〇年）、谷啓《たにけい》（一九三二年）と、ほぼ同世代だ。敗戦後から音楽活動をはじめたクレイジーのメンバーは、一九五〇年代の東京で奇跡のような瞬間に遭遇した。彼らの青春は、もしかしたら長一が経験できたかもしれない青春である。

　クレイジーが結成される前、植木は毎晩演奏していたジャズクラブで、アメリカ兵として来日していた有名なジャズ・ピアニストと出会い、一緒にセッションを楽しんだ。谷はクラブでサックスを吹いていると、黒人兵から喝采を浴び、スウィングしながら一緒に街を練り歩いた。また、一九五三年から五四年にかけて、のちに「幻のモカンボ・セッション」と呼ばれる企画が実現している。横浜のナイトクラブ「モカンボ」に百人近いミュージシャンが集まり、営業終了後にジャムセッションを行ったのだ。まもなく早逝する天才ピアニストの守安祥太郎《もりやすしょうたろう》や、二十代の秋吉敏子《あきよしとしこ》、渡辺貞夫《わたなべさだお》らが次々とステージに上がり、翌朝までおよそ十時間にわたって演奏した。この伝説の夜の仕掛人がハナと植木だった。

　敗戦後から一九五〇年代にかけて、若いミュージシャンたちはそれぞれの境遇を越え、国境をも越えて交流した。いうまでもなく、昨日までのアメリカ兵は「鬼畜米英《きちくべいえい》」であり、敗戦後は占領者として目の前に現れた。だが、植木は後年、次のように語っている。

〈始めの頃は、確かに、占領している軍隊の前で音楽をやることに多少の抵抗というか屈辱的な想いはあったけど、それも時が経つ内に薄れていったね。アメリカ人って人が好いのが多かったし、意地悪したり威張ったりっていうことも少なかった。だから、その内、友だちみたいになっていってね。

それに、向こうの音楽、ポップスやジャズのことを色々教えてくれたり、レコードや本や楽譜をくれたりもしたし。だから、ミュージシャンは米軍に感謝してたよ。彼らのお陰で色々なことを知れたし、覚えることもできたから。〉（戸井十月『植木等伝「わかっちゃいるけど、やめられない！」』）

音楽を通じて彼らのなかに連帯感が生まれた。紛れもなく熱き青春の日々だ。

おそらく、二十代を静岡で過ごした長一にも、彼なりの青春があったはずだ。だが、彼が自伝のなかで、上京するまでの日々を輝かしく語ることはない。

ある日、東京から有名なヨーデル歌手のウイリー沖山《おきやま》が、ダンスホールのゲストに招かれた。バックバンドを長一たちが務める予定だった。だが、休憩中に沖山がこう言い放つ。

「ひでえ演奏だなー。ギターを貸せ、自分で弾いて歌うから」

余程ショックだったのか、長一はいつまでも忘れなかった。五十年近く経ってから沖山はその話を聞かされたが、当然覚えていなかった（『週刊朝日』二〇〇五年十二月二十三日号)。

　長一がようやく上京するのは、一九五九年である。彼は、そのときの自らの状況を次のように評している。

〈その頃の東京の状況は、すでにロカビリー・ブームが頂点に達し、「もはや戦後ではない」とうたった経済白書が示すように、敗戦後の混乱期を脱していた。だから激動に乗じて、音楽とか映画・演芸・芝居といった戦後の文化みたいなものが、ワアッと立ち上がってきた、その面白いときに私は間に合わなかった。文化どころか、焼跡も闇市も知らない。一番いいところを見ていない、いわば遅れて来た青年だった。〉(『だめだこりゃ』)

　いかりやに言わせれば、ドリフは四流ミュージシャンの寄せ集めだった。クレイジーとは比べものにならないともいう。もちろん謙遜もあるだろうが、根底にあるのは、自らが「間に合わなかった」という自覚ではないか。それは、ある種の青春コンプレックスかもしれない。長一の目からは、眩《まばゆ》いばかりの経験をしてきたクレイジーこそが本物に見えた。その意識はこの先、ドリフがどれほど人気者になろうとも、消えることはない。

　だが、その青春の蹉《さ》跌《てつ》が、ドリフをクレイジーとは別の路線へと進ませた。

ジミー時田とマウンテン・プレイボーイズ

「三十歳になったら音楽をやめる」――長一は繁子にそう誓っていた。父から「それで食えるならいいよ」と言われ、覚悟を決めて飛び込んだ道だったが、バンドマンとしてのギャラだけではいっこうに食えず、昼に道路工事のアルバイトなどをして生活費を稼いでいた。繁子も地道な生活を望むようになり、そろそろ潮時だった。長一は今後のことを考え、トラック運転手のライセンスを取りにいっている（『主婦と生活』一九七六年五月号）。

そんななか、ついにチャンスが到来した。バンドのメンバーの一人が、東京の仕事を紹介してくれたのだ。上京すれば本物のバンドマンになれると信じていた長一は、繁子を連れて静岡を出た。一九四四年に疎開してから十五年、彼はもう二十八歳になっていた。

東京での生活は、新宿二丁目の窓のない部屋からスタートした。新宿二丁目はかつて「新宿遊廓」があり、戦後は赤線地帯として賑わっていた街である。長一が借りたアパートは、一九五七年に施行された売春防止法にあわせて、特殊飲食店を改造したものだった。

長一はすぐに最初の仕事場所である北海道札幌市に向かった。ジャズ喫茶に一ヶ月間出演する予定で、東京の仕事の前に顔あわせも兼ね、合宿練習のつもりで参加してほしいと聞かされていた。ステージが好評で一ヶ月延長になり、そのまま二ヶ月滞在したが、どうやら東京の仕事はガセだったらしく、バンドも流れ解散になってしまう。長一は上京して早々に職を失ったのである。

このまま何もせずに静岡へ帰るわけにはいかない。長一は東京に留まる決心をした。繁子が新宿のクラブで働いてくれたおかげで、長一は次のバンドを探すことができた。だが、しばらくの間バンドを転々とし、一杯のラーメンを仲間とまわし食いするような生活が続く。まず参加したのはロカビリーバンドの「キャンディ・ウエスト」で、メンバーにはのちに「ジャッキー吉川《よしかわ》とブルー・コメッツ」のリーダーになるジャッキー吉川がいた。バンド名は自伝に書かれていないが、他の雑誌記事を典拠にしている（『明星』一九七〇年四月号）。なお、自伝とその資料にはいくつかの異同があり、記事にはキャンディ・ウエストも長一が結成したと書かれている。

バンドは長続きせず、長一は次に「クレイジー・ウエスト」に参加した。クレイジー・ウエストは、人気絶頂のミッキー・カーチスが率いるロカビリーバンドだったが、すでにミッキーが抜け、寺内《てらうち》タケシを中心に活動していた。たまたまベースが病気で入院したため、代役として声がかかったのである。

寺内は、長一との出会いについて記している。「若くて、長身、しかもハンサム」のべースが見つかったと聞き、寺内は仲間と待ち合わせ場所に向かった。だが、いつまでたってもそれらしい男が現れない。それどころか、離れたところに立つ刑事のような男が、こちらをチラチラと見ている。

「おい、あそこに立っているのは刑事だろう？　オレたち、ちょっとヤバくないか」

その男こそが長一だった。寺内は話が違うと思ったが、次の仕事が迫っており、約一ヶ月間、活動をともにしている（『テケテケ伝』）。

ドリフ以前の長一が最後に参加したバンドが、カントリー＆ウエスタンの「ジミー時田とマウンテン・プレイボーイズ」だった。長一はハワイアンやロカビリーを経て、カントリーに落ち着いたのである。

ジミー時田の歌のうまさには定評があり、立川談志《たてかわだんし》は「こ奴《やつ》より上手い唄い手を知らない」と書いている（『談志受け咄』）。長一も五歳年下の彼の歌にしびれ、音楽についてたくさん教えてもらった。晩年にいかりやが自伝を書くきっかけの一つが、時田の死に接したことであり、後ろで楽器を弾けたことが自分の誇りだと語っている。ジミー時田は、長一が初めて出会った本物のバンドマンだったのかもしれない。

一九三六年に満州で生まれた時田は、青山学院大学英米文学科に進み、外交官を目指しただけあって英語が堪能だった。高校一年のときにバンド活動をはじめ、大学在学中の一九五七年にマウンテン・プレイボーイズを結成した。ちょうど進駐軍が縮小する時期にあたるが、仕事は米軍キャンプ回りが中心で、長一も立川や府中、横田、横須賀などのクラブを経験している。

メンバーは若さと情熱にあふれ、毎日のように時田の家に集まり、ラジオやレコードを聴いて練習に励んだ。ある記事にはレパートリーが三千曲にも及ぶと書かれている（『ミュージック・ライフ』一九六一年一月号）。進駐軍クラブでの人気も高まり、アンコールを求められる機会も増えていった。その日最後の曲に差しかかると、兵士たちが帽子を回して金を集めはじめる。終電を気にせず演奏を続けてくれというのだ。バンドマンにとって至福の時間だろう。長一はこのバンドに入って、遅ればせながら青春を取り戻していた。

彼が笑いに目覚めたのも進駐軍クラブだった。生真面目に演奏するバンドに向かって、将校がもっとスマイルを見せるようアドバイスをくれた。エンターテインメントのショウなのだから、もっと客を楽しませるべきだという。たしかに、アメリカから来日した慰問のショウを見ると、客席は笑いがたえなかった。マウンテン・プレイボーイズは、演奏しながらギャグをするようになり、とくにベースは他のメンバーより自由に動けたので、長一が積極的にギャグを担当した。といっても、時田以外は英語ができないので、視覚的なギャグだ。大きなウッドベースに馬乗りになって騎手の真似をしたり、アンプの調子を直そうとして感電したふりをしたり、そんなギャグをしただけでアメリカ兵は大喜びだった。笑いをとる快感を知った長一は、次第にギャグをつくることの面白さにハマっていった。

日本コミック・バンド小史

ドリフの笑いもまた、進駐軍クラブからはじまった。言葉が通じないからこその、音楽をともなった身体的な笑いが原点である。しばしば指摘されるように、『オレたちひょうきん族』などと比べて、ドリフに普遍性があるといわれる所以《ゆえん》だろう。いかりやは稽古においても、「ボケ」や「ツッコミ」といった言葉ではなく、音楽用語を使っていたと語る。ドリフにとって音楽と笑いは切り離すことができなかった。

現在、音楽と笑いはかけ離れた存在のように感じられる。だが、歴史を振り返れば、両者は密接に結びついており、ドリフこそが王道だ。エノケンは浅草オペラの出身で抜群の音楽センスをもち、芸談をするといつも音楽の話になったという。「万歳」はもともと音曲をともなう芸能で、横山《よこやま》エンタツ・花菱《はなびし》アチャコのコンビによって「しゃべくり漫才」

が隆盛となってからも、音曲漫才は根強い人気があった。日本の笑いから音楽の要素が抜け落ちていくのは、一九八〇年のマンザイブーム以降であり、つまりはドリフ以後である。数ある音楽的な笑いのなかでも、ドリフはコミック・バンドの流れに位置している。ここで、ドリフが登場するまでのコミック・バンドの歴史を簡単に見ておきたい。

楽器を演奏しながらコメディを演じるグループに「ボーイズ」というジャンルがある。その元祖は、一九三七年に結成された四人組の「あきれたぼういず」で、ジャズと浪曲をミックスしたモダン浪曲や流行歌の替え歌、ものまねなどで人気を集めていた。リーダーの川田《かわだ》義雄《よしお》（晴久《はるひさ》）は、戦後に美《み》空《そら》ひばりが師と仰いだ人物だ。あきれたぼういずが短期間で一気にブレイクしたため、三〜四人で構成される似たようなグループが続出し、その形式の演芸がボーイズと呼ばれるようになる。

大きな括《くく》りではボーイズとコミック・バンドを同列に扱う場合もあるが、ここでは差異に着目したい。ボーイズは歌謡漫談とも呼ばれ、しゃべりも交えて客を笑わせるのに対して、コミック・バンドは音楽中心で、なかには音のギャグだけで展開するショウもある。サウンドにも違いがあり、大衆演劇研究家の原健太《はらけんた》郎《ろう》は次のように論じている。

〈ボーイズが浪曲を下敷きにしていたのに対し、コミック・バンドの基本は、戦前、戦後ともに、ジャズの演奏と、音楽でつないだギャグであった。〉（『東京喜劇』）

　コミック・バンドの元祖として名前があがるのは、一九三〇年代後半に結成された「ハット・ボンボンズ」である。ハット・ボンボンズはトランペット、テナーサックス、バイオリン、ピアノ、ベース、ドラムの六人編成で、全員が豊島園少年音楽隊の出身だった。色川武大《いろかわたけひろ》は彼らをジャズマンとして高く評価し、そのステージを次のように記している。

〈全員が自分の楽器のミニチュアを造って、それで演奏したり、楽器で空中戦の実況を試みたり、「勧進帳《かんじんちょう》」を演じ、義太夫《ぎだゆう》ばりの演奏をしたり、まことに面白かった。金盥《かなだらい》で殴りっこしたりするギャグもこの連中がすでにやっていたと思う。〉（『唄えば天国ジャズソング』）

　谷啓は戦後、進駐軍クラブや日劇で彼らのステージを見ている。クレイジーやドリフがその系譜を継いでいることは明らかだろう。

　コミック・バンドの魅力は音楽性の高いギャグにあり、それを表現するだけの高い演奏技術が要求される。演者には音楽と笑い、どちらの才能も必要だ。しかも、一つのネタを完成させるのに時間がかかるため、コミック・バンドが長く活躍するのは難しい。

　戦後、実質的な活動は一年ほどだが、クレイジーからドリフへ至る流れに大きな影響を与えたバンドが存在した。「フランキー堺《さかい》とシティ・スリッカーズ」である。

フランキー堺は学生時代に、進駐軍向けラジオ放送WVTRを聞き、「スパイク・ジョーンズとシティ・スリッカーズ」の音楽に出会った。シティ・スリッカーズは、一九四〇年代に結成されたアメリカのバンドで、あらゆる種類の音楽ギャグを実演していた。その代表例が、クラシックの名曲をベルやブザー、バケツ、フライパン、うがい、クシャミなどの音を使って演奏する手法である。もちろんアドリブではなく、すべてが計算され尽くした音楽だ。フランキーは、笑いの知性と音楽の感性、その二つの調和を感じて衝撃を受けた。そして、音楽だけで勝負する日本版シティ・スリッカーズを目指して、一九五四年にバンドを結成する。名前も本家にならってシティ・スリッカーズと名づけた。編成は十七人の大所帯で、そのメンバーに加わっていたのが、植木等と谷啓と桜井千里《さくらいせんり》である。

彼らは本家をコピーするだけでなく、日本の民謡や流行歌のアレンジにも取り組んだ。客を驚かせたいがために、浅草の国際劇場のステージに自動車を登場させ、クラクションを鳴らしたこともある。民謡のアレンジや舞台上の大仕掛けには、『全員集合』を彷彿とさせるものがあり、そのセンスは間違いなくクレイジーやドリフにも流れ込んでいる。

シティ・スリッカーズは日劇に定期的に出演し、全国ツアーを行うなどの活躍をみせるが、その一方でフランキーが映画俳優として多忙になってきた。また、実験的な音楽はインテリ層にウケたものの、大衆向けとはいえない。そのため、バンドは次第に本来の路線から外れ、ダンス・バンドとしての出演が増えていった。

　そんなときに、谷と植木がハナ肇から誘われ、順次クレイジーに移籍する。いよいよクレイジーの快進撃がはじまった。クレイジーは紛れもなく一流ミュージシャンの集まりであり、コミック・バンドの系譜を継いでいるが、その一方で大衆向けの笑いも意識するようになった。谷啓はクレイジーの変化について、次のように語っている。

〈それまでは進駐軍のクラブで言葉が通じない分、パントマイムで笑わせたりしてた。それがジャズ喫茶に出るようになって、植木屋〔植木等〕とかハナちゃんが東北弁を巧みに使ってウケたりして。どっちかっていうとボーイズっぽくなってきたんじゃないか〉（加藤義彦・鈴木啓之監修『コミック・バンド全員集合！』）

　クレイジーはコミック・バンドを基本としながら、ボーイズの演芸も取り込んで大衆的な人気を獲得していった。そして、ドリフもまたこの路線を継承していく。

加藤英文との出会い

マウンテン・プレイボーイズは進駐軍クラブだけでなく、ジャズ喫茶にも出演するようになった。ジャズ喫茶といえば、音楽マニアがレコードを静かに鑑賞しているイメージがあるが、当時はライブハウスのような生演奏が行われる空間もジャズ喫茶と呼ばれていた。また、ジャズという言葉も洋楽全般を指しており、出演するバンドはハワイアンやカントリー&ウエスタンからロカビリーまで様々だ。

マウンテン・プレイボーイズは、新宿「ACB《アシベ》」や西銀座「不二家ミュージックサロン」など人気のジャズ喫茶に出演し、一九六〇年十一月からは銀座「テネシー」に専属として迎えられた。テネシーはジャズ喫茶のなかでも別格で、バンドマンにとっては憧れのステージだ。また、同年に「ワゴン・スターズ」と共同で初のレコード『ウェスターン・サンセット』を出し、さらにはラジオやテレビへの出演も続いて絶好調だった。

人気の第一はジミー時田の歌にあるが、合間にやっていたギャグが、とりわけ男性客にウケていた。長一は進駐軍クラブでのネタにくわえて、メンバーの吉田《よしだ》一男《かずお》（のちのジャイアント吉田）とともにセリフのあるコントのようなことも行った。二人の呼吸は見事に合っていたようだ。クレイジー・ウエストから移籍していた寺内タケシは、初め自分もコントに参加していたが、次第に二人に任せるようになった。

〈このコントは、大好評を博した。客席をいいムードに作り上げるのに、ものすごく役に立った。――もっとも、コントのネタには長さんも吉田クンも苦労したらしい。あげくのはては、衣装までつけて熱演して、ちゃんとオチもつけてくる。だが、そのドロクサさは、なんのことはない商店街の慰安旅行での茶番のようなもので、まあ、いまでいえば寄席でひところ大人気だった「ボーイズ」のはしりみたいなものである。〉（寺内タケシ『エレキ部落の大統領』）

　それはバンドの個性になったが、その一方で、メンバーから笑いに走りすぎだと反発の声があがった。長一とすればギャグを考えることが楽しく、バンドの人気に貢献しているとの自負もあったろう。バンドマンとしては充実しているものの、次第に自分の進むべき道を思い悩むようになった。折悪しくも一九六一年の年末に長一が交通事故を起こし、後処理をめぐってマウンテン・プレイボーイズの所属事務所とすれ違いが生じていた。そんな運命的なタイミングで長一に声をかけたのが、ドリフターズのリーダー桜井輝夫である。

　桜井は現在のドリフの生みの親とも呼べる存在だが、彼について書かれたものは少ない。ドリフについて研究している西条昇《さいじょうのぼる》は、桜井に関する貴重な資料をブログで紹介している。

「ジャズ喫茶の英雄」（『スポーツ毎夕新聞』一九六一年十一月五日）によれば、桜井の父は交通公社の渉外部長、母は共立女子大学の教授だった。いかりやの自伝には、父が陸軍中将と書かれており、戦前は軍人だったようだ。末っ子の彼は長嶋茂雄《ながしましげお》も在学していた立教大学経済学部を一九五九年に卒業している。大学生のときにファッションショウの司会をしたことがきっかけとなり、ジャズ喫茶で司会をしながらジャズを歌い、ギターを弾くようになった。ドリフではバンドマスターとして喜劇やものまねなどのショウに力を入れ、メンバーのポン青木と小野ヤスシがボードビリアンの才能を発揮していた。

　だが、人となりについてはよくわからない。そこで、二〇一八年に私が高木ブーにインタビューする機会を得たとき、桜井のことを直接たずねると、次のように語ってくれた。

〈歌の上手い方なんだけど、お笑いが好きなんですよ。自分ではそんなことしないんだけど、あのころはクレイジーキャッツの時代でしょ。クレイジーは、音楽もコミックもやる一流のバンド。だから、桜井さんとしてはドリフもそんなグループにしたかったんでしょう。後から考えると、桜井さんの力は大きかったなあと思います。〉（『文春オンライン』二〇一八年七月二十九日配信）

　一九六〇年代に入り、クレイジーは黄金時代に突入した。一九六一年六月から日本テレビで音楽とコントを融合したバラエティ番組『シャボン玉ホリデー』がはじまり、八月に発売したデビュー曲『スーダラ節』は大ヒットを記録、翌年から続々と主演映画が封切られる。クレイジーはコミック・バンドの枠を越え、高度経済成長の時代を疾走していく。

　桜井が狙っていたのは、クレイジーのロカビリー版だった。そのために笑いのできるメンバーとして長一をスカウトしたのである。そして一九六二年、三十一歳になる長一はドリフへの移籍を決断した。それまでのドリフはいくつかのお決まりのネタを繰り返していたので、彼はとにかく新ネタをつくろうと張り切っていた。

　ちょうど同じ頃、まだ十代の少年がドラマーとしてドリフに加入している。彼の名は加藤英文《ひでゆき》、のちの加藤茶である。加藤は長一との出会いについて次のように語っている。

〈昔、新宿の南口にね、バンドマンばっかり集まる小さなラーメン屋さんがあったんだよ。そこで初めて会ったんだけど……いかりやがね、雪駄履いてるんだよ。で、ヘンな袋持って、角刈りにしてんだよね。どう見たってテキ屋のオッサンなの（笑）。…（中略）…そのオッサンがウッド・ベース弾いてたんだもん（笑）。『ああっ、この人もバンドマンだったんだ！』って。あの顔に慣れるのにそれから30年かかったね〉（『音楽と人』一九九五年七月号）

それからしばらくはメンバーが激しく入れ替わる。一九六三年一月時点では、以下の八人編成だった。桜井輝夫、小野ヤスシ（ボーカル）、ポン青木（ビブラフォン）、小山威《たけし》（ギター）、田中良夫《たなかよしお》（テナーサックス）、三好明《みよしあきら》（ピアノ）、碇矢長一（ベース）、加藤英文（ドラム）。ほかに専属シンガーとして高松秀晴《たかまつひではる》と十六歳の木《き》の実《み》ナナが参加していた。

新しいギャグづくりに燃える長一に対して、加藤はドラムの腕を磨くのに一生懸命だった。雑誌にも「暇があると手あたり次第なんでもかまわずひっぱたくという勉強熱心なドラム」と紹介されている（『ミュージック・ライフ』一九六三年一月号）。加藤がコメディアンとしての才能に目覚めるのは、もう少し先のことだ。

第二章　天才・加藤茶誕生

ホイホイ・ミュージック・スクール

　その日、収録前のスタジオはかなり行き詰まっていた。一九六二年七月から日本テレビでスタートした『ホイホイ・ミュージック・スクール』（以下『ホイホイ』）は、ドリフがレギュラー出演し、毎回ちょっとしたコントがある。そのコントのネタが決まらないのだ。碇矢長一と小野ヤスシ、番組ディレクターの白井《しらい》荘也《そうや》を中心にいろいろと試しているが、どうしても面白くならない。白井が小野にチョビヒゲをつけたらどうかと提案しても、彼はやりたくないという。次第にスタジオの空気がピーンと張りつめていった。

　突如、その静寂を破るようにして、ドラムセットのある場所から声があがった。

「ボクにやらせてください」

　それまで黙ってドラムを叩いていた少年が、顔を赤くしながら手をあげていた。加藤英文だった。彼は勇気を出して代役を志願したのだ。

『ホイホイ』（土曜夜七時三十分～八時）は、のちの『スター誕生！』につながるオーディション番組の元祖である。毎回、一般の素人が新入生になって課題曲を歌い、教授やOBに扮したゲストが審査を行った。最終的にプロダクションからスカウトされてプロの歌手になる者も現れる。代表例が、のちに『シクラメンのかほり』などのヒット曲を歌う布《ふ》施明《せあきら》だった。タイトルは、企画会議で放送作家の青島幸男《あおしまゆきお》が「ホイホイとタレントを産んでいこうよ」と言ったことから名づけられた。スポンサーが味の素の一社提供で、「味の素をホイホイかけてもらう」の意味もある。鈴木《すずき》やすしと木の実ナナが司会を務め、あおい輝彦《てるひこ》がメンバーの男性グループ「ジャニーズ」も出演していた。

ドリフは素人が歌うオーディションの伴奏を担当した。一九八〇年代までの音楽番組は、生演奏を行うバックバンドの存在が当たり前だった。歌手がバックバンドの前で歌うスタイルは、進駐軍クラブで行われていたものである。クラブで活躍していたバンドは、米軍基地の縮小とともにテレビ業界へ参入し、戦後の歌謡曲のサウンドに大きな影響を与えていく。『全員集合』でバックバンドを務めていた「ゲイスターズ」も、進駐軍クラブに出演していた老舗バンドであり、前半のコントが終わった後、ゲストの歌手は彼らの伴奏で歌っている。『ホイホイ』におけるドリフも、「歌伴」を行うバックバンドとしての出演だ。だが、ディレクターの白井は、「伴奏だけではつまらないから何か人の目を引くことをしてみろ」と、ドリフに十五秒を与えた。その時間でできることといえば、普段ジャズ喫茶でやっている音楽ギャグくらいしかない。ファンファーレを演奏しながら最後の二小節を外したり、いざエレキギターを弾こうとして電気が通じていなかったり、彼らはそんなギャグを披露してみせた。すると番組の高視聴率とも相まって、まだ無名のドリフが、少しずつ人気を獲得していった（『読売新聞』一九七〇年四月五日）。

現在、ドリフにはフジテレビやＴＢＳのイメージが強いが、元をたどれば日本テレビと深い関係を築いていた。『ホイホイ』が一九六五年に終了してからも、ドリフは引き続き日本テレビの番組にレギュラー出演している。番組はどれも白井が制作に携わったもので、ドリフがテレビタレントとして育っていく過程において、彼が果たした役割は大きい。

白井は一九三五年に東京で生まれ、敗戦後に進駐軍向けラジオ放送ＷＶＴＲでジャズを聴き、衝撃を受けた。それからは英語圏の音楽にどっぷりとハマり、大学生のときにはアルバイトとして進駐軍クラブでピアノを弾いている。日本テレビの番組にピアニストとして出演したことが縁となり、一九五九年に日本テレビに入社し、音楽部に配属された。彼はドリフの番組のほかに『カックラキン大放送!!』や『日本テレビ音楽祭』などを手掛け、「音楽番組の白井」と呼ばれた。一九八七年にはマイケル・ジャクソンの来日公演を実現させている。彼もまた、日本のなかの「アメリカ」からテレビ業界に転じた一人だった。

白井は、伴奏を任せられるバンドを探してジャズ喫茶巡りをしているとき、「桜井輝夫とドリフターズ」に出会う。彼らは新宿のジャズ喫茶「ＡＣＢ」に出演していた。演奏の腕前にはあまり感心しなかったが、テレビ向きのルックスをもつ小野と、おかしな顔の長一にタレント性を感じた。白井は『シャボン玉ホリデー』でＡＤの経験があり、クレイジーの活躍を間近で見ている。自分の手で音楽バラエティをつくり、あわよくばドリフをクレイジーに匹敵するバンドに育てたい、秘かにそんな野心を抱いていた。

白井は初期のドリフにとって、名伯楽《めいはくらく》ともいえる存在だ。仲本工事と高木ブーに出会うのはもう少し先だが、仲本に対して個性をつけるためにメガネをかけるようアドバイスをしたのも白井だった。高木は次のように語る。

〈あの方もバンドマンですよ。ピアノも上手い。休憩中によくジャズを弾いてくれてね。やっぱりミュージシャンの行く道というのは、単なるお笑い番組じゃない。音楽コントもあったしね。あの人がすごいのは、トリオ・ロス・パンチョスとかベニー・グッドマンとかが来日すると、必ず自分の番組に出演してもらうの。だから、僕らは近くで見ることができた。そういうところはすごく恵まれてましたね。〉（『文春オンライン』）

加藤も『ホイホイ』で自分のキャラクターを見つけている。十代の頃の彼は、ステージで顔を見られるのも恥ずかしがるくらい内気で、いつも下を向いてドラムを叩いていた。ドリフのメンバーになってからも、笑いに積極的に参加せず、トークで客を笑わせる長一の姿を後ろから眺めながら、自分には人を笑わせるような難しいことはできないと思い込んでいた。そんな彼が、意を決して「ボクにやらせてください」と手をあげたのだ。

白井は思いきって任せてみることにした。すると、加藤は鼻の下にチョビヒゲをつけ、照れながら言った。

「加トちゃんです」

加藤がコメディアンとして覚醒した瞬間である。彼は後年、その日のことを次のように振り返った。「夢中だったから、何言ったたか、どんな反応だったかも覚えてない。ただ、やる気を白井さんが認めてくれて、わざわざコントの場面を作ってくれた。白井さんは恩人ですよね」（『サンデー毎日』一九九八年三月一日号）。

それから加藤はたびたびコントを担当するようになり、「加トちゃんです」は「加トちゃんぺ」に変わっていった。その頃は糊が弱くてヒゲがすぐに落ちたため、二本指で鼻の下を押さえるたびに「ぺ」と言ったのがきっかけだ。このフレーズは短い場面でもオチをつくれることから、何度も繰り返し使われた。

「加トちゃんぺ」が視聴者に浸透することで、バカだけど愛嬌があってお調子者という加藤のキャラクターが確立していく。

ドリフターズ分裂

ドリフがじわじわと注目を集めるにつれて、桜井は少しずつ表舞台から退いていった。この辺りの事情はよく分からないが、もともと自分が笑いのプレイヤーになるつもりはなかったのかもしれない。新宿ACBのスケジュール表で確認すると、一九六三年には「桜井テルオとドリフターズ」のバンド名で出演しているが、一九六四年には表記が「ドリフターズ」に変わり、桜井の名も消えている。おそらくこの時点で、彼がステージに上がることはなくなっていたのだろう。また、スケジュール表には「碇屋長兵衛」の記載があり、長一は一時的に名前を変えていたようだ（寺内タケシ監修、井上達彦著『新宿ACB』）。

桜井はドリフのオーナーのような立場になり、長一はまだリーダーではないが、実質的にグループを統率していた。彼は定番ネタの使いまわしをやめ、新ネタをどんどんつくる方針を掲げて、笑いに向けて大きく舵を切る。その路線に反発して脱退するメンバーもいたが、マウンテン・プレイボーイズで一緒にコントをしていたジャイアント吉田を引き抜くなど、笑いのできるメンバーを増やしていった。

のちに『全員集合』で見せるギャグづくりへの執念が、長一に早くも芽生えている。新ネタには稽古が必要で、完成させるまでに時間がかかった。だが、どれほど稽古をしても客前でウケるとは限らず、ステージ上でトチることも多い。長一は本番が終わってからミーティングを開き、メンバーを徹底的にしごいた。「馬鹿野郎、やる気ねえのか。やる気なかったら辞めちまえ」。ときに彼の罵声が飛んだ。

長一は、桜井からバンドを預かっていることに対して強い責任感がある。それにくわえて、彼はすでに三十歳を越え、家庭の事情も抱えていた。

「皆とオレはちがうんだ。女房を養っていかなきゃならんのだ」。小野によれば、それが長一の口癖だった（『婦人倶楽部』一九七八年八月号）。長一がまだマウンテン・プレイボーイズに所属していた頃、貧乏時代を支えてくれた妻の繁子が、結核で倒れている。医者のすすめで、彼女の実家に近い神奈川県の真鶴《まなづる》に家を借り、療養生活に入った。その間も長一は別居せず、片道三時間かけて東京に通っている。ジャズ喫茶の仕事は夜十一時に終わるが、小田原行きの最終電車も十一時発だ。彼はいつも十五分前に店を出て駅に駆けつけ、小田原駅に停めていた中古のマツダ・クーペに乗って家に帰った。そんな生活を三年間続け、ようやく繁子の病気が快方に向かう。二人は東京に移り住み、一九六三年には長女が誕生した。長一は家族の生活を守るためにも、ドリフを食べていけるバンドにしなければならなかった。

焦りもあったのだろう。小野は後年、いかりやへの追悼文で次のように語っている。

〈長さんが亡くなったとき、いろんな人がインタビューに答えて言ってましたよね。「いかりやさんは親身に相談に乗ってくれた」「話のわかる、心の温かい人だった」「大きな包容力があった」って。もちろん、あれは正直な気持ちで嘘じゃないんだろうけど、ボクは若い頃のそうではない一面も見てきました。

人の言葉には耳を貸さず、常に自分の意見を押し通す。自分で引っ張ってきたメンバーでも、役に立たないとなったら容赦なく辞めさせていた時期もあった。〉（『週刊大衆』二〇〇四年六月二十九日号）

小野は、彼の気持ちが後になってから理解できるようになったという。だが、当時はまだ二十代前半で、遊びたい盛りだった。何よりも本番が終わってからのミーティングが耐えられない。いつの間にか、長一とメンバーの間に亀裂が生じていた。

決裂の日はある日突然、訪れる。一九六四年九月、稽古場で長一はいつものようにジャイアント吉田に向かって、「やめちまえ」と怒鳴りつけた。すると、吉田はその瞬間を待ち構えていたかのように、落ち着いた声で言い放った。

「では、やめさせていただきます」

吉田に続いて小野、飯塚文雄《いいづかふみお》、猪熊虎五郎《いのくまとらごろう》が同調した。長一には何が起きているか分からない。それは周到に用意されたクーデターだった。

バンドマンの移籍そのものは日常茶飯事で、十五日前に申告すれば辞めてもいいという暗黙の業界ルールがある。だが、四人が一斉に抜けてしまうと、ドリフは解散するほかなく、オーナーの桜井に申し訳が立たない。われに返った長一は、思い止《とど》まってくれるよう必死で説得を試みた。互いに若かったせいもあってか、長一と小野の二人が、新宿ＡＣＢの地下で殴り合いの喧嘩までした。

たまたまドリフの仕事が京都であり、行きの列車の中で延々と話し合いを続けた。四人掛けのシートに座る彼らを前に、長一は床に新聞紙を敷いて座り込み、手をついて懇願した。四人が残ってくれれば、自分一人がドリフを辞める覚悟だった。

だが、とうとう翻意させることはできなかった。彼らはすでに「ドンキー・カルテット」という新しいバンドを結成する準備を進めており、半月後からの仕事のスケジュールも入れはじめている。クーデターは、万全の準備を整えてから実行に移したのだ。もはや誰が何を言おうと無駄だった。長一は当時を次のように振り返る。

〈いま考えればあんなことは世の常、彼らにも考えがあってのことだから、ああいう方法をとったのだとわかる。当時は若かったし、自分は仕事に対して〝滅私奉公型〟だと信念を持っていたから、恥ずかしいほどうらみましたね。全てはめられた感じで、誰にも忿懣《ふんまん》のぶっつけようがなくて……。まだ若い加藤茶にはげまされたりしてね〉（『婦人倶楽部』一九七八年五月号）

予定通り十月に結成されたドンキー・カルテットは、「目で聞く音楽」をキャッチフレーズに音楽性の高いコミック・バンドとして人気者になり、一九七〇年に解散した。なお、小野と長一の関係は三年ほど断絶状態になるが、時間が経つとともに仲直りし、晩年にはドラマで共演したり、同じライブハウスのステージに立ったりしている。

では、このとき加藤はなぜドリフに残ったのだろうか。当初は加藤も小野たちと一緒に脱退し、ドンキー・カルテットに参加するつもりだった。だが、悩みに悩んだあげく、最終的に残留を決めた。その結論に至る経緯については、資料によって少しずつ食い違っている。いくつか列挙しよう。

・新しいバンドはカルテット（四人組）に決まっていたため、加藤を加入させてクインテット（五人組）にするわけにはいかなかった。（いかりや長介『だめだこりゃ』）

・長一に辞める理由をはっきり言わず、また、脱退すると申告する前から新バンドの仕事を入れていたことに加藤が違和感をもった。最後は、白井荘也からの一言で決断した。
（居作昌果『これがドリフターズだ』）

・「加藤は長さんと一緒にやったほうがいい」と考えた小野が加藤を説得した。（小野の証言、『アサヒ芸能』二〇〇四年四月八日号）

加藤自身の証言も揺れており、「あの顔に睨まれたら断れない」というのはネタだろうが、長一から頼まれて仕方なく残ったと語ることが多い。その一方で、恩師から次のように説得されたとも語っている。恩師とは白井のことだろう。（『週刊読売』一九九五年六月十八日号）

「加藤、待て。向こうは小野、吉田がいるんだ。おまえが残れば二つ、両立できるじゃないか。おまえが残れば俺が責任もつ」

最後の一押しをした人物については見解が分かれるとしても、何人もが加藤を説得したのは間違いないようだ。「あの頃から加藤は長さんの女房役といった感じでしたね」と小野が語るように、誰が見ても二人の息があっていたのだろう（『笑芸人』VOL．1）。

私たちはドリフに対して、いかりや長介を中心にした主従関係があるように思ってしまう。だが、それはコントのための設定である。この頃の長一と加藤は、年齢が離れているとはいえ、仕事から遊びまで多くの時間をともに過ごした仲間であり、まだ何者でもない青春の日々を共有していた。加藤はいかりやの素顔について、次のように答えている。

〈若いころの長さんは兄貴みたいで面白い人でした。一緒に海に行ったとき、水上スキーをしてる人がいた。「バカ野郎、おれだってできる」って身体に荒縄を結びつけ、ダルマ船に引っ張らせたことがあった。板も縄で足にくくりつけて。でも船が遅いから浮かび上がらない。何とか首だけ海面に出して引かれていく姿、想像して下さい。しかめっつらの厳しい雰囲気になったのは全員集合が始まってから。責任感だと思いますよ。〉（『朝日新聞』二〇〇八年十二月三日夕刊）

最年少の加藤にとって、長一は兄のような存在だった。脱退するかどうかでそれほどまでに悩んだのも、長一を慕っていたからこそだろう。一方、長一にとっても加藤の存在は大きかった。加藤が残ればドリフを存続できる、そう考えた長一の目に狂いはなかった。長一と加藤は、互いに互いを必要としていたのだ。

高木・荒井・仲本

主力メンバーの抜けたドリフには、長一と加藤のほかに、ギターの小山威とサックスの綱木《つなき》文夫《ふみお》が残っていた。桜井は引き続きオーナーに留まり、長一とともに善後策を協議している。加藤に人気が出はじめたとはいえ、ギャグの中心を担ってきたのは小野や吉田であり、残った小山や綱木はコメディに向かなかった。バンドとしての編成を考えても、至急メンバーの補充をしなければならない。『ホイホイ』へのレギュラー出演やジャズ喫茶の仕事は、小野たちが脱退した後も決まっている。時間の猶予がないなかで、長一はメンバー探しに奔走した。条件はコメディ向きであることだけ、楽器の腕前は二の次だった。

一人目が、のちに高木ブーとなる高木智之《ともゆき》である。彼は大学を卒業してプロのミュージシャンになってからバンドを転々とし、当時は「シャドーズ」でエレキギターを弾いていた。ドリフとはジャズ喫茶で何度も共演している。長一は高木と口をきいたことはなかったが、丸く太った容姿に目をつけた。桜井も賛同してくれたので、すぐさまシャドーズが出演している横浜のジャズ喫茶「ピーナッツ」に向かった。

終演後、長一は「東京まで送るよ」と誘い、桜井が運転するルノーのオープンカーに乗せた。後部座席で二人きりになり、道中じっくりと引き抜き交渉をする魂胆だ。一方の高木も、車に乗り込んだ時点で何の話か薄々感づいていた。条件次第では移籍してもいいと思ったが、ギャラ交渉が苦手で、どう切り出すべきか分からない。二人とも一児の父になっていたので、高木はそれとなく子供の話をした。

「子供のミルク代って結構かかるんだよねえ」

遠回しにギャラアップを要求したつもりだった。だが、それだけで気づけというのはさすがに無理がある。延々とミルク談義が続き、もうすぐ家に着くところで、長一がようやく高木の意図を察してくれた。

「わかった。じゃあ、ミルク代としてゲーセンアップでどうだい」

「ゲーセン」とはジャズマンの隠語で、五千円という意味である。その頃の高木の月給が四万円だったので、五千円アップは好条件だった。交渉は無事に成立し、高木がドリフに加わった。日付は一九六四年九月十六日、高木が三十一歳のときだ。

二人目が、のちに荒井注となる荒井ヤスオである。「トリスおじさんみたいな顔のピアニストがいる」と聞き、長一は桜井の家で面会した。実際に会ってみると顔も話し方も面白く、すぐに決まった。荒井もクレイジーキャッツが出演する『おとなの漫画』を見て、コミック・バンドをやりたいと思っていたので、渡りに船だった。荒井はドリフ加入の経緯について、次のように語っている。

〈ある日、いかりやの使いだと顔見知りのバンドボーイがやってきて、ドリフターズに入らないかと誘うんです。「おもしろい顔をしているから」と言うんで、ムッとしましたが、それでもドリフはジャズ喫茶で観ていて、「面白いことやっているなぁ」といつも思ってましたから、すぐ移籍しちゃいましたね。〉（『週刊宝石』一九九二年九月二十四日号）

あとで発覚することだが、荒井は長一より三歳年上の一九二八年生まれだった。このとき三十六歳である。加藤と比較すると十五歳も違う。ドリフは志村が加入する前から、年齢差の大きいグループだった。だが、公式プロフィールでは、荒井は長一より三歳年下の一九三四年生まれと記載している。荒井の言い分では、リーダーよりも年上がいるとやりにくいだろうから、との理由だった。また、全体のバランスを考えたのか、高木のプロフィールも実年齢より六歳サバを読んでいた。

高木によれば、この時期にもう一人の新メンバーが加入し、新しいドリフが活動を開始した。世の中はもうすぐ開会式を迎える東京オリンピックにわいていたが、彼らはそれどころではない。一九六四年十月の新宿ACBのスケジュール表を見ると、「いかりや長一と笑いのドリフターズ」として出演しており、少しの間だけ「笑いのドリフターズ」を名乗っていたようだ。ドリフの方向性をより明確に打ち出そうとしたのだろう。ある記事では、長一が「新規結成のとき、名前かえようかと思ってるうちに、何だかきっかけがなくなって」と語っている（『週刊文春』一九八〇年六月十九日号）。結局、名前をそのまま受け継いだものの、ドリフはこのとき心機一転、生まれ変わったのだ。

だが、メンバーはまだ安定せず、しばらく入れ替わりが続く。まもなくギターの小山が病気で抜けることになり、代わりのギタリストを探さなければならなくなった。そこで高木が紹介したのが、のちに仲本工事になる仲本コウジである。仲本は高木と同じバンドに所属していた仲間だった。高木は他のメンバーも候補に考えていたが、長一に急《せ》かされ、すぐに連絡が取れる仲本に声をかけた。

仲本は学習院大学の四年生で、在学中からバンド活動をし、卒業後はサラリーマンになるつもりだった。最初は急遽《きゅうきょ》ギターの代役を頼まれての出演だったが、そのままドリフへの勧誘を受けた。やはり音楽を続けられることに魅力を感じたのだろう。高木だけでなく加藤とも同じバンドにいたことがあり、気心も知れていたはずだ。

とはいえ、一つだけ大きなハードルがあった。父の反対である。二〇一八年に行ったインタビューで、仲本はそのときのことを語ってくれた。まさにドリフ草創期の名場面だろう。

〈当時はギター持ったら不良と言われた時代でさ。大学まで出してバンドなんてとんでもない。親としては、何のために大学に行かせたんだって話だよね。その親父を説得したのが、いかりやさん。僕はいかりやさんに「たぶん説得は無理だと思うよ」って言ったんだけど、「俺が話をするから」って自宅まで来た。…（中略）…僕は、あとから部屋に呼ばれてね。そこで、いかりやさんが「俺が辞めるときは一緒に辞める。それまでは責任持つから、ぜひともドリフターズに参加させてくれ」って頼んでくれて、親父も折れた。まあ、いかりやさんのあの顔見たら、うんとしか言えないよね（笑）。〉（『文春オンライン』二〇一八年九月二日配信）

一九六五年一月、仲本は二十三歳でドリフに加入した。いよいよドリフのメンバーが勢揃いだ。

現在のドリフにつながる体制はこの一年で固まった。まず、バンド名から「笑いの」が消え、「いかりや長一とザ・ドリフターズ」を名乗るようになる。メンバーは綱木が残って六人体制が続くが、しばらくして彼も脱退した。そして、約五年にわたってリーダーないしオーナーを務めてきた桜井が、ドリフを手放す決意をする。理由は分からないが、テレビで活躍する道が見えはじめ、その方面に強い事務所に預ける方が得策だと判断したのかもしれない。桜井は渡辺プロと交渉し、ドリフの所属が決まった。

いかりやが名実ともにリーダーとなり、五人の新生「ザ・ドリフターズ」が始動する。

受けの天才・加藤茶

一九六五年、クレイジーキャッツは十周年を迎え、黄金時代のただなかにいた。だが、一九六〇年代の終わりにかけて、さすがの勢いにも陰りが生じてくる。代わって台頭するのがドリフだった。両者は同じ渡辺プロの先輩後輩の関係で、メディアでもドリフは「第二のクレイジー」として扱われている。

だが、クレイジーとドリフでは、そのイメージが全く違っていた。ドリフが五人体制になった直後に書かれた紹介文では、いきなり「どれもこれも職安から急遽かり集めて来た様な連中ばかり」と書かれ、各メンバーを次のように評している（『新宿ＡＣＢ』）。

・いかりや長一「これなんざ大体ステージに出る顔じゃない。写真うつりが悪いとコボしているけれども、（冗談じゃない）事実下手にポスターも作れない。かと云って実物は意外に……もっとヒドイもんだ。」

・加藤英文「二枚目にもかかわらず敢えてゴミタメの中に身を投げだし、馬鹿なふりして感心なものです。」

・高木智之「場所ふさぎと空気使用量を気にしながらひたすらコミックの道に邁進しているつもりなのが彼。」

・荒井ヤスオ「間の抜けたリーダーの写真ヅラよりグットいい。一緒に撮るのは嫌だ嫌だと云う気持を察しているからこの『うすらトボケ』たタヌキ。」

・仲本コウジ「メガネはダテのスタイリスト。なぜ男子専科の雑誌がモデルに使わないのかと悲憤慷慨してやまない。かなり出来上っているその自信過剰な所がなきゃ見込みはあるのだが。」

　半分ネタなので真に受けるべきものではないが、彼らのイメージの一端を表しているだろう。そのなかでも加藤だけは、「二枚目」として好意的に書かれている。実際、前期ドリフを人気面で引っ張ったのは、最年少の加藤だった。クレイジーとドリフを比較すると、リーダーのハナといかりやが一歳差なのに対して、人気の花形である植木と加藤は十七歳も違う。ドリフは加藤の存在によって、ポスト・クレイジーを狙う資格を得たといえる。

　現在にいたるまで五十年以上にわたって活躍している加藤だが、これまで「加藤茶論」なるものが書かれることはほとんどなかった。また、そのキャリアに比して、加藤自身が語る芸談も少ない。メンバーおよびスタッフによる評価は、おおむね「天才」で一致している。例えば、仲本による加藤評は次のようなものだ。

〈加藤は天才だもん。思わず口について出ることが面白いし、いるだけでホッとするところもあるしね。テレビに出始めのころなんて、ほんとにかわいくて、いい男でしたよ。今でいうと、お笑いもできるアイドルみたいだよね。だから加藤は天才、志村は秀才かな。〉

（『文春オンライン』）

　加藤は自分でネタを発想するよりも、相手にあわせてリアクションし、ネタを膨らませる才能があった。居作昌果《いづくりよしみ》に言わせれば、受け身の形で笑いを生み出す「柔」のタイプである。一方、いかりやと志村は物事を突き詰めて考え、理屈と計算で動くタイプだった。加藤は次のように語る。「僕は、他人が考えたものでも面白くできちゃう。志村と長さんは自分が考えたものじゃないと面白くできないんですよ。人が考えたものは絶対に受け入れないし、受け入れられないんですよ」（『EX大衆』二〇〇九年三月号）。加藤は二人のどちらが考えたネタでも、絶妙な間とリアクションで実演し、融通無《む》碍《げ》に笑いを取っていた。そこにはやはり、天性の才能が感じられる。

加藤は直感で動く部分が大きいがゆえに、自らの芸を言語化しにくい。それが芸談の少なさに直結している。とはいえ、なかには自らの笑いの哲学を開陳しているインタビューもある。その一つ、彼のギャグ論を見てみよう。

〈ギャグとよくいいますけど、ぼくは、ことば遊びとギャグとは区別しなければいけないと思うんですよ。加トちゃんギャグといわれているものは、ことばの遊びであってギャグではない。

ギャグというのは、自分個人が笑われること。たとえばおっちょこちょいとか、そそっかしいとか、どこか抜けているとか、そういう人間のやることがギャグなんです。関西のほうの〝ごめんくさい〟でひっくり返るというのも、ギャグじゃなくてことば遊び。いまはギャグにひっくるめられてますけど……。

チャップリンにしろバスター・キートンにしろ、ことばなしで計算し尽くした体の動きだけで笑わせるでしょ。あれがギャグですよ。いい換えれば、ギャグではおもしろい人が笑われる。ステージに上がったときに、雰囲気のおもしろい人ってのは、何をやってもおもしろいんですよね。歩き方なり表現力なりでいくらでも笑わせることができる。なぜかというと、そういう笑いは極端にいえば差別だから。見ているほうが優位に立てるから、自分よりちょっと下のほうの人を笑える。だから、加藤茶がおもしろいんです。〉（『ＤＥＮｉＭ』一九九五年八月号）

加藤にとってのギャグとは、「加トちゃんぺ」や「ちょっとだけよ」ではなく、自らをキャラクター化して笑わせることだった。そのため、ネタに時事性がなく、無意味な方が良い。彼の理想は存在するだけで笑えるコメディアンである。それは実際に成功した。二〇〇〇年以降に「ご当地キティ」ならぬ「ご当地加トちゃん」が全国で販売されていたのも、その証しだろう。加藤にはどこかマンガやアニメのキャラクターめいたところがある。

とはいえ、生身の身体であるからには、その歴史性を全く無視するわけにはいかない。とくに初期の加藤は、今では忘れられたイメージをまとっていたように思う。それは何か。

集団就職の時代

　一九六〇年代の加藤の記事には、二つのことが必ず書かれていた。一つは福島県出身で東北弁が得意なこと、もう一つは母と妹との三人暮らしで家族思いなことだ。そこから浮かび上がるのは、純朴な若者の姿である。東北弁を得意としたコメディアンには、伴淳三《ばんじゅんざぶ》郎《ろう》や由利徹《ゆりとおる》といった先達がおり、それ自体は加藤の専売特許ではない。だが、加藤の場合は、童顔で可愛らしい見た目と、六〇年代という時代背景とが相まって、あるイメージを喚起させたのではないか。それは、集団就職で上京した地方青年のイメージである。

　ドリフのレコードデビュー曲『ズッコケちゃん』が、初期の加藤のイメージをよく表している。一九六八年に発売されたそのレコードは、B面が『いい湯だな（ビバノン・ロック）』になっており、今ではこちらの方が有名だ。『ズッコケちゃん』は、なかにし礼《れい》が作詞を手掛け、加藤が東北弁でメインボーカルを歌っている。歌詞は加藤への当て書きだろう。イントロでいかりやが「ズイズイズッコケたぜズッコケたぜズイ」とうなり声をあげ、加藤が次のように歌う。

〈ズッコケ　ヒッコケ／田んぼ売払って　東京さ来たが／見るもの目の毒　聞くもの耳の毒／喫茶店《きっちゃてん》　ボーリング　キャバレー／アルサロ　エトセトラ／気がつきゃ一文無し／本当にお気の毒〉（作曲・佐々木俊一）

夢と希望をもって田舎から上京してきた青年が、都会の生活に翻弄されていく。それは、高度経済成長期の都市部で急激に増加した若者たちの姿だった。

経済学者の加瀬《かせ》和俊《かずとし》は、昭和三十年代を「集団就職の時代」だったと論じている。集団就職とは、地方の新規中学卒業生が、大都市の中小企業や商店に集団で就職することを指す言葉だ。敗戦後、農村では働く場所が不足し、家を継ぐ長男以外の処遇に関して、いわゆる「二三男問題」が深刻化していた。一方で、都市部では大企業が都市出身者を中心に採用していたため、中小・零細企業で慢性的な人手不足が起きていた。そのような労働市場における需給バランスの不均衡を背景にして、昭和三十年代に地方から都市へ大規模な人口移動が行われたのである（『集団就職の時代』）。

毎年春になると、「金の卵」と呼ばれた十代の少年少女たちが、臨時に運行される専用列車に乗って大都市へ向かった。東北地方を出発した列車が上野駅に到着する光景は、『ＡＬＷＡＹＳ　三丁目の夕日』などいくつもの映画で描かれている。彼らの就職先は中小・零細企業に集中したため、労働条件が相対的に悪かった。住まいはアパートを借りられるだけの賃金をもらえず、住み込みか、親戚や知人の家に寄宿して職場に通った。農村に比べると食事は貧しく、いつもひもじい思いをしている。ときに都会の生活に孤独を感じながらも、彼らは故郷を想い、父母を想い、少ない賃金の中から実家への送金を欠かさなかった。実態としては様々だったようだが、これが集団就職のイメージだろう。

集団就職を経験したのは一九四〇年から四九年の出生者だった。一九四三年に生まれた加藤は十七歳で福島から上京している。加藤は就職のために東京へ出たわけではないが、集団就職の少年少女たちと同じ時代に、似たような境遇を生きてきたのだ。

高度経済成長期の日本は、都市出身者と地方出身者、および大企業と中小企業の間に歴然とした格差があった。その両者のイメージは、植木等と加藤茶に重なる。

『ズッコケちゃん』発売の七年前、クレイジーのレコードデビュー曲『スーダラ節』で、植木は「チョイト一杯のつもりで飲んで　いつの間にやらハシゴ酒」（作詞・青島幸男／作曲・萩原哲晶）と歌った。続くレコード第二弾『ドント節』は、「サラリーマンは気楽な稼業と来たもんだ」（作詞・青島幸男／作曲・萩原哲晶）からはじまる。植木は、青島幸男の歌詞をとびきり陽気に歌いあげた。それは、大企業に勤めるサラリーマンに対して、大衆が抱いていたイメージである。植木は数々の主演映画でもサラリーマン役を演じ、映画のなかで明るく出世を遂げた。植木等というキャラクターは、高度経済成長の光の部分を象徴するような存在だ。

それに対して、当時の加藤にはあか抜けないイメージがつきまとう。大人の植木に比べると、加藤は若者というより子供に見える。一九六七年にはじまったドリフの主演映画では、すでに二十代半ばの加藤が十代にしか見えない。演じる役も、赤字のローカル線の駅員や村の鼻つまみ者など、高度経済成長から取り残されたような人物ばかりである。映画のなかの加藤が社会的な成功を遂げることはない。クレイジー映画の末期には、植木と加藤がコンビを組んだ作品があるが、一九七〇年の年末に公開された『日本一のワルノリ男』では、植木が高校教師、加藤が集団就職で上京する教え子の役だった。

ドリフ映画については第三章で再度触れるが、加藤に関して印象的なのは、なかなか食事にありつけず、白飯を前にするとがっついて食べる場面が多いことだ。ドリフ映画の食事シーンが全く美味しそうに見えないのは、味を楽しむためではなく、空腹を満たすために食べているからである。そこに映し出されているのは、まだまだ貧しい日本の姿だった。加藤はドリフで売れてからも、「イカを細く切ったサキイカをおかずに、お茶づけが自分に合っている」と言っていたという（『これがドリフターズだ』）。映画と同じく、十代の加藤もまた、食べるために必死だったのだ。

母子家庭

一九四三年三月一日、平八郎《たいらはちろう》と寿磨子《すまこ》の間に生まれた第一子は、英文と名づけられた。生まれは東京の世田谷区で、まもなく戦争のため福島県にある父の実家に疎開している。それからの母は苦難の連続だった。父の家族からの冷たい仕打ちに耐えきれず、母は英文と妹の蔵子《くらこ》を連れて郷里の愛媛県新居浜《にいはま》市に帰るが、父が病気で倒れたとの知らせを受け、再び福島へ戻ってきた。すると今度は、病気で荒《すさ》んだ父が母につらくあたる。結局、二人は一九四八年に離婚した。加藤は母方の姓で、二人の子は母が女手ひとつで育てていく。

父の八郎は有名なギタリストだった。戦前はダンスホールに出演するバンドで演奏し、一九三五年に二十歳で「南里《なんり》文雄《ふみお》とホットペッパーズ」に参加している。ホットペッパーズは、戦後にハナ肇が約一年間在籍するジャズバンドだ。『日本のジャズ史』を著した内《うち》田《だ》晃一《こういち》は、「戦前派ジャズメン・ベスト5」のギター部門で平八郎を選んでおり、実力が十分に認められていた。また、彼の兄の平茂夫《しげお》は日本のジャズ草創期から活躍したピアニストで、平家はミュージシャン一家だった。だが、五歳のときに両親が離婚した英文に、父の記憶はない。なお、父は一九五五年に病死している。

母妹との三人暮らしはとにかく貧しかった。母は福島市内に小さなバーを開き、幼い兄妹を平市（現・いわき市）の叔母の家に預けている。だが、戦後すぐの貧しい時代のため、二人は歓迎されなかった。「炭鉱夫の妻だった叔母の家も裕福ではなかったせいか、ふたりはじゃま者あつかいでした。ふたりだけおかずに差をつけられることもありました。みそとしょうゆだけのメシなんて、食えなかった」（『週刊平凡』一九七一年一月十四日号）。

　平市は福島市から汽車で三時間くらい離れており、母には月二回しか会えない。英文は寂しくなると妹を連れて町はずれの小高い丘の上に登った。そこから見下ろすと線路が見える。汽車が通るたびに、「かあちゃんが乗ってるかな」と二人で同じ話を繰り返した。

　離れ離れの生活が一年ほど続き、三人がまた一緒に暮らせるようになった。だが、貧しさは変わらず、一軒の家に四所帯が同居する間借り生活である。ふすまを隔てた向こう側には、「お妾さん」や水商売の女性が住んでいた。母が仕事から帰ってくるのはいつも深夜で、親子三人で食事することはめったにない。はだか電球だけの暗い部屋で、兄と妹が向き合って座り、寂しくご飯を食べる。そんなときでも英文はつとめて明るく振る舞った。妹の蔵子の手記には、次のように書かれている。

〈「蔵子、たくさん食べないと、おにいちゃんみたいなチビになるぞ。」

　兄は、寂しさにふさぎがちなわたしを少しでも明るくしようとしていたのです。

しくしくと泣きだしてしまうわたしのために、兄は上半身はだかになって踊ってみせたことさえありました。ガリガリにやせてあばら骨の浮いてみえるからだで、タコ踊りをした兄――。その姿は、いまもわたしの心に強く残っています。

食事が終わると、兄はわたしに話しかけながら、ズボンのやぶれをつくろったり、アイロンかけをしました。女のわたしなどよりずっと器用な兄。いまでもわたしのスカートのカギホックなどをつけてくれます。兄はわたしにとって母代わりでした。〉（『女学生の友』一九六七年七月号）

小学四年生の頃から、英文は毎朝早く起きて、自分と妹の二人分の弁当をつくった。毎日疲れて帰ってくる母に、弁当をつくってくれとは言えなかった。ドリフに入ってからのインタビューで、彼は特技を聞かれ、料理や洗濯から縫い物まで何でもできると答えている。それらはすべて、貧しい生活のなかで身につけたものだ。

中学に上がってからは、少しでも家計を助けるため、新聞配達のアルバイトをはじめた。毎朝四時に起き、百三十軒の家に新聞を配る。バイト仲間には自転車に乗って配達する者もいたが、英文の家には自転車がないので、歩いてまわった。小さな体には百三十部の新聞を抱えるだけでも重労働で、雪が積もる冬場はとくにつらい。軍手をはめ、長靴をはいて出かけるのだが、一時間も経たないうちに手足の先が痺れ、動かなくなる。カチカチの雪道で足を滑らせ、何度も転んだ。それでも、彼はがまんして三年間休むことなく続けた。

　加藤は福島で過ごした日々を振り返って、次のように語っている。

〈毎日、暗い部屋で妹と二人で留守番。その上、貧乏でしょう。だからクリスマスとかお正月が嫌いでね。世の中が賑やかになって、人が幸せそうにしてると、腹が立つというか、普段より余計に寂しくなっちゃうんですよ。だって貧乏な家の子にはサンタクロースは来ないんだもの。サンタさんというのは不公平なことするなと思ってました。そういう体験のせいか、僕は意外と根暗なんです（笑）。〉（『週刊現代』二〇〇四年一月三・十日合併号）

　高校は船の無線技士を目指して、電気学園福島工業高校（現・松韻学園福島高校）に進学した。だが、授業料を払うためには働くしかなく、学校に通いながら、福島中央映画劇場で映写技師のアルバイトをしている。そこは洋画の専門館だったため、アメリカの喜劇映画もたくさん上映した。英文は映写室のなかから、チャップリンやバスター・キートン、アボット&コステロ、ボブ・ホープなどの映画を繰り返し見ている。それが彼の笑いの原体験だった。プログラムは一週間交代で、一日に数回フィルムをかける。同じ映画を繰り返しみることで、アメリカンコメディの間やリズムが自然と身体に沁み込んでいった。

なかでもお気に入りは、アメリカのコメディアンのジェリー・ルイスだった。ルイスは一九四六年にディーン・マーティンと「底抜けコンビ」を結成し、数々の映画に出演、コンビ解消後は製作や監督にも進出した。アメリカではジム・キャリーらに影響を与え、日本にもファンが多い。加藤もその一人で、チャーミングな二枚目なのに、動きのキレが良くてハチャメチャなことをする、そのギャップが好きだったという。そして、もう一人のファンが志村けんである。志村から「ヒゲダンス」をやろうと言われたとき、加藤がまっさきにイメージしたのが、底抜けコンビだった（『キネマ旬報』二〇一七年十一月下旬号）。

もちろん、高校生の英文はそんな未来が待っているとは夢にも思っていない。このまま福島から出ずに一生を過ごす、そんな世界線も十分にあり得ただろう。だが、彼は自ら運命を切り拓いた。彼の背中を押したのは、とてつもないエネルギーで変わりゆく東京の姿だった。

ジャズドラマー

一九五九年五月、ミュンヘンで行われたＩＯＣ総会で東京オリンピックの招致が決まった。日本の戦後復興を世界にアピールするために、東京では大規模なインフラ整備が急ピッチで進められ、街並みも大きく変貌していく。

英文が叔母を訪ねて上京したのは一九六〇年、十七歳のときだった。すぐに帰る予定だったが、彼は東京のパワーに圧倒される。このまま田舎に帰ったら、自分は時代から取り残されてしまうのではないか。母のため妹のために生きてきた彼にも、青春の焦燥感があったのだろう。新聞の求人欄を見ると、「バンドボーイ求む」と書かれていた。募集していたのは、日本を代表するラテンバンドの「東京キューバンボーイズ」である。別段できる楽器があったわけではないが、多少なりとも父の影響を受けていたのか、英文は音楽の仕事に対して漠然と興味を抱いていた。そこで早速、事務所を訪ねていった。

だが、面接であっさりと断られる。体重が五十キロにも満たない貧弱な体では、重い楽器を運べないだろうとの理由だった。それでも彼はあきらめず、必死で頼み込むと別のバンドを紹介してくれた。それが一流のビッグバンドだった「渡辺弘《わたなべひろし》とスターダスターズ」で、英文はバンドボーイに採用される。スターダスターズは当時、赤坂の高級ナイトクラブ「コパカバーナ」の専属バンドだった。「高校出てから来いよ」と言われたが、その間に職がなくなる不安もあって、英文は高校を中退して上京を決意する（『Ｙａｈｏｏ！ニュース オリジナル特集』二〇二一年四月三日配信）。

母もわが子の気持ちを理解し、妹と一緒に福島を出て引っ越している。それからは川崎市のアパートで三人暮らしとなり、母は保険の外交員の仕事に就いた。

生活はまだまだ苦しかった。彼の月給は五千五百円で、ほとんどが家賃と交通費に消えた。一食や二食抜くこともざらで、そんな日はふらふらになりながら楽器を運んだ。バンドが営業に行くと、バンドボーイには特別手当の百円が支給される。その百円を受け取ると、彼はそば屋で七十円のかけうどんを食べ、十五円のコッペパンを二個買って帰った。

そんな生活が続いたため、練習しようにも楽器が買えない。本当はトロンボーンをやりたかったが、トロンボーンは高かった。マウスピースだけ買って練習してみたが、やはり楽器がなければどうしようもなかった。そんなとき、先輩のドラマーから折れたスティックを渡され、捨てるように頼まれた。ふと、「削ったら使えるんじゃないか」と閃《ひらめ》いた。先を削って叩いてみると、どうにか使えそうだ。ドラムなら膝の上だろうが机の上だろうが、叩くだけならどこでもできる。ドラムの基礎は、別のバンドのドラマーだったチコ菊《きく》地《ち》が教えてくれるという。英文はその日からマンツーマンで十日間、休憩時間を使って毎日みっちり教わり、何とか叩けるまでになった。

だが、そんなときにちょっとした事件が起きる。バンドのマネージャーが特別手当の支給を忘れたのだ。英文が催促すると、マネージャーが百円を投げてよこした。空腹だったこともあり、思わずカチンときて喧嘩になってしまった。結局、英文はそのままスターダスターズを辞めてしまう。

そのとき手を差し伸べたのもチコ菊地だった。横浜のジャズ喫茶「ピーナッツ」に出演している、彼の兄のバンドを紹介してくれたのだ。スターダスターズに比べれば小さなバンドだったが、そこで英文はドラマーとして舞台に上がった。もちろん、まだ素人同然だったため、毎日必死で練習した。開店前の昼十二時から夕方五時まで、深夜に営業が終わってからの二時間、英文は一日七時間ドラムを叩き続けた。店に寝泊まりしているボーイから「うるさい」と怒鳴られ、仕方なくドラムに雑巾をおいて練習したこともある。だが、後になってみると、それがかえって手首を強くし、スナップを利かせるのに役立った。

半年ほど経ったある日、前に怒鳴ったボーイから声をかけられた。

「だんだんリズミックになってきたな」

英文はようやく一人前になれたような気がした（『週刊現代』二〇〇六年六月十七日号）。

将来はドラマー、できることならジャズドラマーとして食べていきたかった。だが、あるとき、ロカビリーのバンドから誘いの声がかかった。給料を弾むと言われては拒む理由がない。この時代のバンドマンにはありがちだが、英文も食うために転向した。そのバンドは「永田五郎とクレイジー・ウエスト」、いかりや長一が寺内タケシと出会ったバンドだが、二人ともすでに抜け、今は永田五郎がリーダーをしていた。英文の移籍後しばらくして、仲本がボーカルとして参加している。このバンドはドリフとの因縁が深く、一時期荒井も参加したことがあり、ドリフのメンバーが入れ替わり立ち替わり在籍している。

演奏の仕事はジャズ喫茶のほかに、米軍キャンプでも行われた。一九六〇年代ともなれば、米軍の仕事もずいぶん減っていたはずだが、沖縄や台湾のキャンプに演奏旅行に呼ばれたというから、バンドに人気があったのだろう。そのなかで英文は、まるで中学生がドラムを叩いているようだと評判になった。その一方で、毎日の練習も欠かさず、ドラムの腕前も着実に上がっている。

英文が上京してから二年が経った。一九六二年、ちょうど十九歳の誕生日を迎えた日に「桜井輝夫とドリフターズ」に移籍した。その時点ではミュージシャンとしての才能を買われたのだ。月給が一万五千円に上がり、英文はこれでようやく食べていけそうだった。

芸名誕生

五人揃った新生ドリフは、毎日のようにジャズ喫茶に出演し、新ネタづくりに励んでいた。ネタはまだ音楽ギャグが中心で、演奏を完璧に仕上げてから、テンポをはずしたり変な音を入れたりして笑いに変える。一つのネタを完成させるまでに時間がかかるが、いかりやはたとえ未完成であっても新ネタにこだわった。その姿勢が客に期待感を抱かせることにつながると考えたからだ。その甲斐あって、この時期に持ちネタの数を大きく増やしている。音楽ネタの譜面を書いたのは、ドリフの「音楽担当」である仲本だった。

ドリフの笑いはジャズ喫茶にくわえ、日劇への出演を通して形づくられていった。日劇は一九三四年に開場し、レビューや歌謡ショウなどを上演する「娯楽の殿堂」として親しまれてきた大劇場である。喜劇人にとっては、日劇が憧れの舞台だった。ドリフは小野ヤスシらが所属していた時代に出ているが、五人体制になってから初めての出演は一九六五年九月、「第一回日劇お笑いカーニバル」と銘打たれた『西の王将・東の大将』である。藤田《ふじた》まことと谷啓が主演し、構成・演出は塚田茂《つかだしげる》だった。塚田は日劇でショウの演出をしながら、テレビの放送作家としても活躍していた人物だ。喜劇が得意だったため、日劇では脱線トリオやクレイジーキャッツが出演する舞台の演出を任されていた。

ジャズ喫茶はどれほど大きくても収容人数は数百人程度だが、日劇は二千人を超える大劇場である。ドリフのメンバーは、はじめ慣れない大舞台に困惑していた。どうしてもジャズ喫茶の感覚が抜けない。塚田はそんな彼らを徹底的にしごいた。彼は次のように語る。〈こんな下手なやつがいるかと思った。ジャズ喫茶の銀座「ＡＣＢ」の小さな狭いステージの癖がついているから、皆一ヵ所に固まってしまうんだ。それで、いつも「広がれー」と怒鳴った。…（中略）…一番大事なのは、広がるときに声が大きくなるんですよ。大きくなるということは全力を出すことなの。そばにいるとささやき言葉になっちゃう。コメディというのは、やっぱり声が大きくなければ絶対にだめなの。〉（『どんどんクジラの笑劇人生』）

大きな舞台では声だけでなく、リアクションも大きくなければならない。「受けないのはギャグが悪いんじゃない、リアクションがないからだ」。塚田からそう教えられ、ドリフはリアクションに命をかける。それがのちに、ぶつかるとガーンと音がする壁や踏むと抜ける床など、リアクションを大きく見せるための舞台装置につながっていく。以後もドリフは年に一、二回のペースで日劇に出演し、塚田演出によって鍛えられた。ドリフの笑いの基盤は、ジャズ喫茶から日劇を経ることで固まっていったのだろう。『全員集合』のコントは、その延長線上に位置している。

　こうして試行錯誤を繰り返しながら、新体制になったドリフの笑いが確立されていく。さらに、いかりやはメンバーのなかで加藤を前面に押し出す方針を掲げた。ジャズ喫茶の客は男ばかりだったので関係ないが、テレビで活躍していくには、加藤の若さや愛嬌が武器になる。渡辺プロも同じ考えだったのか、一九六五年のクレイジー映画『日本一のゴマすり男』には、端役とはいえ彼だけが学生役で映画初出演を果たした。

　これまで見てきたように、加藤は芸人としての修業を積んできたわけではない。二枚目がチョビヒゲをつけたり、東北弁をしゃべったりするおかしさで、いわばアイドル的な人気だろう。一九六六年一月号の『平凡』には、前年に活躍した「フレッシュなコメディアン」の座談会が掲載されており、メンバーは立川談志、なべおさみ、ルーキー新一《しんいち》、Wけんじ（東《あずま》けんじ・宮城《みやぎ》けんじ）、加藤英文の六名である。このなかでは加藤が一番若く、弟子や付き人の経験もない、まさにぽっと出の存在だった。

　加藤が雑誌に取り上げられはじめたこのタイミングで、ドリフのメンバー全員が一斉に改名した。というか、正確には改名させられた。一九六六年春、渡辺プロ社長の渡辺晋の邸宅で開かれた宴席で、ハナ肇が酔った勢いで全員に芸名をつけていったのだ。名前の由来はいくつかの説があるが、まとめるとおおよそ次のようなものだろう。芸能界は水商売だから水に関係した名前がいいという理論で、それぞれの名前が説明されている。

「いかりやは碇が水に関係しているからそれでいい。ただ、長一だとイチで止まってしまう。スケーって伸ばした方が響きがいいな」

「自分で加トちゃん、加トちゃんって言ってるよな。じゃあ、茶だ」

「おまえは要注意人物だから注にしろ。サンズイがいいんだ」

「よくケガしてるから工事中の工事にしちまえ。工事は水たくさん使うだろ」

「おまえはブータンって呼ばれてるな。タンは余計だからブーでいい。豚はキレイ好きなんだよ。豚小屋は水で洗うよな」

　メンバーは誰も納得していなかったが、偉大な大先輩に言われては逆らえない。いかりや長介、加藤茶、荒井注、仲本工事、高木ブー、彼らの芸名が一夜にして誕生した。

　改名直後の一九六六年六月、ドリフはビートルズ来日公演の前座に出演し、パンフレットにも新しい芸名が掲載された。

コント55号の登場

近年、「お笑い第七世代」という呼称が生まれ、お笑い世代論に再び注目が集まっている。世代の分類は後づけなので明確な定義はないが、遡って一九六〇年代の演芸ブームが「お笑い第一世代」に位置づけられる。当時は毎日のように演芸番組が放送され、一九六七年には週六十二本もあったという（日本放送作家協会編『テレビ作家たちの50年』）。今なお続いている日本テレビの『笑点』もそのなかの一つだ。各テレビ局は落語家だけでなく、漫才師やボーイズもの、コミック・トリオなどの新しい才能を血眼になって探していた。ブームのなかでチャンスをつかむ者もいれば、ブームとともに消え去る者もいる。そのなかで大きく飛躍したのが、ドリフとコント55号だった。

一九六六年十月、二十五歳の萩本欽一と三十二歳の坂上二郎《さかがみじろう》がコント55号を結成し、浅草松竹演芸場の舞台に上がった。萩本は一度テレビに進出して失敗した過去があり、坂上は歌手志望からコメディアンに転身して挫折している。そんな二人がコンビを組んだコント55号は、瞬く間に時代の寵児になっていった。浅草から日劇へ行くという浅草芸人の夢は早くも翌年二月に実現し、その年だけで六回出演している。芸人の登竜門だった演芸番組『大正テレビ寄席』に出演した際には、カメラのフレームを無視した派手な動きで視聴者に衝撃を与えた。以後、番組のオファーが続々と舞い込み、結成から約二年でテレビ界を席捲《せっけん》する。

ドリフも同時期に数多くの演芸番組に出演し、人気を獲得した。バンドマンとしての自負を持ついかりやは、「寄席」や「演芸」の番組に出ることに戸惑いを覚えたが、『大正テレビ寄席』のディレクターだった山下武《やましたたけし》によれば、ドリフには「ボーイズものの長所を加味した新鮮さ」があったという（『大正テレビ寄席の芸人たち』）。ドリフはそれらの番組への出演を通して、クレイジー以上にボーイズの演芸を取り入れていく。

この時代に彼らが頭一つ抜きん出たのは、いかりやと荻本がテレビという新しいメディアの特性を見抜いたからである。彼らは、テレビにおける笑いの芸が、寄席や劇場の芸と全く異なるものだと気づいた。これまでの芸人は、一つのネタを何年も練り上げて完成させるため、持ちネタが少ない。だが、一度に何百万人もが観るテレビは、そのネタを一瞬で消費してしまう。日本にテレビが誕生してから十余年、多くの芸人がその怖さにまだ気づかずにいるなか、ドリフとコント55号は常に新ネタで勝負する道を選ぶ。とはいえ、同じ方針を掲げながらも、そこから導き出される戦略は、正反対の方向へ向かった。

コント55号は、同じコントを二度やらないと宣言してテレビに出た。彼らはピーク時に週十三本のレギュラー番組を持っている。それを可能にしたのは、浅草で培った方法論のおかげだった。彼らは状況設定を用意するだけで、アドリブでコントを成立させることができた。萩本は次のように語っている。

〈台本があるのは浅草でいえばコメディ（喜劇）だけ。だからネタ帳や台本があるのは僕から見ればコントじゃなくて喜劇なの…（中略）…コントには天丼、仁丹、丸三角と呼ばれる基本形があるのね。浅草の芸人はみんなそれを知っているから、演出家が本番直前に『お前とお前、今日は天丼でやれ。衣装は出してあるから』と言えばそれでいいわけ。そう言われたコメディアンたちは役割と設定を決めて、アドリブで笑いをとる。〉（『昭和40年男』二〇一四年六月号）

萩本は、テレビでは稽古するとつまらないとまで考えるに至る。その方法論は結果的に、クレイジーをはじめとした過去のバラエティ番組のつくり方を壊していった。コント55号自体の全盛期は短かったが、その後、萩本は単独で新しい「テレビ芸」を開発していく。

一方、いかりやもまた、演芸番組で同じネタをやらないと決めた。だが、ドリフにはアドリブだけでネタを成立させることができない。ジャズ喫茶で持ちネタを増やしていたおかげで、しばらくはネタに困らなかったが、いずれ枯渇する。そこで彼らは、新しいネタをつくるために時間をかけて稽古を重ねた。必然的に多くの番組には出演できない。そのため、ドリフは一九七〇年代の全盛期においても、毎週レギュラー出演するコント番組は、『全員集合』のただ一本きりである。

同じ新ネタ路線でありながら、ドリフは番組を絞って徹底的に稽古し、コント55号はアドリブを駆使して番組を増やす。出自も戦略も異なる両者が、テレビの世界でライバルと目され、激しい視聴率戦争を繰り広げていった。

アイドルとしての加藤茶

ドリフがブレイクする時期は、コント55号よりも一年早い。ドリフは一九六七年に大きく飛躍した。四月からTBSで初の冠番組『ドリフターズドン！』（土曜十二時十五分～十二時四十五分）がスタート、舞台では二月に新宿コマ劇場で『全員集合！ザ・ドリフターズ』、六月に日劇で『恋だ！全員集合!!』に出演し、映画も初の主演映画である『なにはなくとも全員集合!!』（松竹）と『ドリフターズですよ！前進前進また前進』（東宝）の二本が封切られた。テレビに舞台に映画にとフル回転である。「全員集合」は、いかりやがジャズ喫茶でよく使っていた掛け声で、すでにドリフの代名詞になっていた。ちなみに、

『ドリフターズドン!』には、藤村《ふじむら》俊二《しゅんじ》がギャグアドバイザーを兼ねて出演している。藤村は日劇ダンシングチーム出身の振付師で、「エンヤーコラヤ、ドッコイジャンジャンコーラヤ」ではじまる『北海盆唄』の替え歌を振り付けたのも彼だった。

この頃のドリフの人気は十代中心で、前年末の人気調査によると、十二〜十七歳の「好きなタレント番付け」は以下の通りである(『週刊TVガイド』一九六七年三月三日号)。

・男子一位ザ・ドリフターズ、二位クレイジーキャッツ、三位植木等、四位牧《まき》伸二《しんじ》、五位晴乃《はるの》チック・タック、六位渥美清、七位加山《かやま》雄三《ゆうぞう》、八位青島幸男、九位谷啓、十位坂本九

・女子一位坂本九、二位夏木《なつき》陽介《ようすけ》、三位石坂《いしざか》浩二《こうじ》、四位ザ・ドリフターズ、五位加山雄三、六位ザ・サベージ、七位晴乃チック・タック、八位山本《やまもと》圭《けい》、九位舟木《ふなき》一夫《かずお》、十位クレイジーキャッツ

メンバーのなかの一番人気は加藤茶で、毎日のように四、五十通のファンレターが届き、大半が女性からだった。アイドル的な人気を得たのはコント55号も同様で、テレビの公開収録が行われている会場は、女子中高生で埋め尽くされた。お笑い芸人がまずアイドルとしてブレイクする現象は、今と変わらない。

人気が上昇するにつれて、雑誌には私生活に関する記事が増え、加藤は伊東《いとう》ゆかりとの

恋の噂を報じられている。伊東は四歳年下の十九歳で、日本テレビの『あなた出番です！』でドリフと一緒に司会を務めていた。記事の中身は、二人が昼休みに何を食べるかでいつもケンカしているとか、伊東がジャズ喫茶に出演すると聞き、加藤が一人だと恥ずかしいから荒井に付き添ってもらって観に行ったとか、まるで十代の少年少女に対するような書きぶりである（『週刊平凡』一九六七年三月二日号）。

『ドリフターズドン！』は半年で終了するが、翌年一月から同じくＴＢＳで『進め！ドリフターズ』（火曜夜七時三十分〜八時）がはじまった。いよいよゴールデン進出である。番組内容は、失業中のドリフが毎回いろいろな職業に就いて失敗するというコントで、東京都内の公会堂で公開収録が行われた。番組はすぐに人気となり、収録会場には子どもたちが詰めかけ、通路から階段までが埋まるほどの超満員になった。いかりやがステージに登場すると、「ゴリラ、ゴリラ」の声が飛ぶなど、舞台と客席が一体となった雰囲気をつくり上げている。塚田茂が作家として参加したため、ドリフは日劇の延長のような感覚で、満員の客席を前に気おくれすることもなかった。塚田は次のように語る。「クレージーが育ちがいいなら、ドリフターズは雑草という感じで、しかもプロになりきれていない未熟さ、それが身近にも感じられ、かえってフレッシュにみえてうけてますね」（『朝日新聞』

一九六八年一月十五日夕刊）。

セットデザインは、のちに『全員集合』を十五年間担当する山田満郎が手掛けた。山田がドリフと仕事をするのは、この番組が初めてだ。ステージが狭く、セットも小ぶりだったが、イメージは『全員集合』につながるものが多かったという。山田は、開演前から緞《どん》帳《ちょう》を上げてあらかじめセットを見せ、ワクワク感を演出する手法を使った。『進め！ドリフターズ』は生放送ではないものの、会場の雰囲気からセットデザインまで、あらゆる点で『全員集合』の原形となる番組と言えよう。

だが、ここで思わぬ事故が起きる。四月五日の収録中にいかりやが転倒し、肋骨にひびが入ったのだ。病院に行かずに放置して仕事を続けたため、肺炎を併発し、五月にようやく入院した。医師から絶対安静を宣告され、退院できたのは七月二十日、約三ヶ月間の入院生活となった。

『進め！ドリフターズ』はやむなく七月に終了した。後継番組にはコント55号と水前寺《すいぜんじ》清《きよ》子《こ》が起用される。コント55号は一九六八年四月からはじまったフジテレビの帯番組『お昼のゴールデンショー』によって、人気が爆発していた。新番組のタイトルは『チータ55号』、まるでドリフとの差別化を図るように、「ハプニング・バラエティ」をコンセプトに掲げてスタートした。

『8時だョ！全員集合』前夜

いかりやは入院期間中にコント55号の番組をじっくり見る機会を得た。同時に自分たちが出演する番組の研究にも時間を費やしている。客観的に見ると、ドリフは加藤のキャラクターに頼りすぎているので、メンバーの個性をもっと引き出す必要がある。いかりやはそんなことを考えながら、新しい企画を練り上げていった。退院後の八月には、メンバーを引き連れて山中湖で合宿を行い、楽器を持ち込んで本格的な稽古をしている（『週刊TVガイド』一九六八年九月六日号）。

これまでドリフは、たえずクレイジーと比べられてきた。だが、一九六八年四月公開の大作映画『クレージーメキシコ大作戦』が興行的に失敗し、さすがのクレイジーの時代も終焉に向かう。毎年恒例だった正月二週目の日劇公演は、一九六九年にクレイジーからドリフに替わった。渡辺プロとすれば、狙い通りに「第二のクレイジー」を育成できたわけだ。ところが、その脇から台頭してきたコント55号が、ドリフを一気に追い抜いていく。勢いはあきらかにコント55号の方が上回っていた。

『チータ55号』は五ヶ月間のみの放送で、再びドリフによる『突撃！ドリフターズ』がはじまった。だが、この番組も半年で終了する。以後、その枠はコント55号の番組が続き、ドリフには戻ってこなかった。

その一方で、ドリフには同じくＴＢＳから別の枠の話が持ち込まれる。時間帯は土曜夜八時からの一時間だ。裏番組には、日本テレビの巨人戦ナイター中継、フジテレビの『コント55号の世界は笑う！』があり、大激戦区だった。なかでも『世界は笑う』は三〇％を超える高い視聴率を誇っていた。いよいよドリフVSコント55号の直接対決である。

一九六九年初夏、ドリフのメンバーは赤坂にある寿司屋に呼び出された。十月からの新番組へ向けての顔あわせである。相手は番組プロデューサーの居作昌果だった。いかりやがコント55号と対決することへの不安を口にすると、居作ははっきりと言い放った。

「今のコント55号とドリフは、月とスッポンだよ」

いかりやは内心ショックを受け、口をつぐんでしまった。面と向かってこんな失礼なことを言うプロデューサーは初めてだった。

居作は一九三四年に東京で生まれ、幼少期に一時だけ満州で暮らしている。大学は早稲田大学第一文学部英文科に進み、一九五六年にラジオ東京で働きはじめた。ラジオ東京は現在のTBSで、一九五一年に誕生した東京地区初の民間放送局である。四年後に、NHK、日本テレビに次いでテレビ放送を開始、一九六〇年には社名を東京放送（TBS）に変更した。当時の放送局は、番組を制作するために必要な技能集団を抱えており、居作が働いていたラジオ東京放送効果団では様々な「音」をつくっていた。数年後、居作は正社員に採用される。

居作はそこで経験を積んでから待望の演出部に移り、音楽番組を担当した。だが、喧嘩っ早い性格が災いしたのか、局内のトラブルに巻き込まれ、何度も左遷された。大橋巨泉《おおはしきよせん》は、彼の人となりを次のように証言している。

〈麻雀やポーカーなどギャンブルが好きで、また強かった。もっと親しくなったのは、’68年にボクの番組「お笑い頭の体操」の二代目プロデューサーになって以来である。彼はもともと演出希望で制作部に居たのだが、理不尽な上司に唯一人抵抗したため、技術部に〝飛ばされて〟いたという（この反骨精神は終生変わらなかった）。〉（『週刊現代』二〇〇五年五月七・十四日合併号）

一九六八年に再度演出部に戻ってからは、主に娯楽番組を手掛けていた。その彼が、土曜八時の新番組を任されたのである。TBSの土曜の夜は、七時三十分から八時までの

『お笑い頭の体操』、九時からの『キイハンター』が好調だったが、狭間の時間帯だけが低視聴率に喘《あえ》いでいた。新番組はやはり笑える楽しいバラエティをつくりたい。だが、どうすればコント55号と互角に戦えるのか。

居作は『世界は笑う』を徹底的に分析した。「コント55号が出ているところは確かに面白い。だけど55号の出ている部分は非常に少ないんですよ。落語家がえんえんとやって、55号は司会に近いかたち。だとすれば、一時間全部面白けりゃいいじゃないかということでね……単純な発想なんですよ」（志賀信夫『テレビを創った人びと』）。彼は、アドリブやハプニングの笑いを得意とするコント55号に対抗して、時間をかけて笑いをつくり込んでいこうと考えた。くわえて、演者が緊張感をもち、テンションを高めていくために、舞台中継方式の公開生放送に決めた。あとはその主役を誰にするかである。

居作はドリフに白羽の矢を立てた。とはいえ、すんなりとは決まらなかった。編成や営業から反対の声が上がり、渡辺プロからもクレイジーを推薦された。だが、クレイジーはすでに個人での活動が中心になっており、グループとして新番組に全精力を注ぐのはスケジュール的に難しい。結局、居作がドリフで押し切った。今は月とスッポンかもしれないが、スッポンが月に勝てないと決まったわけじゃない。居作はドリフに賭けたのだ。

番組のタイトルは『8時だョ！全員集合』に決まり、初回は一九六九年十月四日である。だが、ドリフはすでに十月の新宿コマ劇場公演が決まっており、その間は生放送に出演できない。そのため、十月放送分の四回だけは九月中に収録している。

その収録が終わり、コマ劇場の公演がはじまる直前、一人のバンドボーイが脱走した。彼は一年半前にいかりやの家に押しかけ、ドリフのバンドボーイになっていた。名前を志村康徳《やすのり》といった。

第三章　『全員集合』スタートと志村けん

ある雪の日

日暮れから降りはじめた雪が、あたり一面を白く覆っている。夜が更け、寒さも一段と厳しくなった。隣近所の灯りが、一つまた一つと消えていく。そこはいかりや長介が住むマンションの玄関口である。十八歳の志村康徳少年は、空腹と、つま先が引きちぎれそうな寒さに耐えながら、ひたすら主の帰りを待ち続けていた。

一九六八年二月、高校三年生の志村は、卒業を一ヶ月後に控えていた。端《はな》から大学に行く気はなく、コメディアンになると決めていたが、今のように養成所があるわけではない。芸人になるためには、師匠について修業するしかなかった。志村は、コント55号とドリフのどちらに弟子入りするか、悩みに悩んだ。その時点での両者を比較すると、コント55号が『お昼のゴールデンショー』でブレイクする直前で、ドリフは『進め！ドリフターズ』

がスタートしており、ドリフの方が人気面で一歩リードしている。とはいえ、演芸番組で暴れまわるコント55号の勢いも強く感じていただろう。結果的に、志村はドリフを選んだ。ビートルズが好きで、バンド活動もしていた彼にとって、音楽と笑いが結びついたドリフが魅力的に見えた。

その日、志村は東村山《ひがしむらやま》の家を朝七時に出発し、新宿区若松町にあるいかりやの自宅へ向かった。当時は芸能人の住所録が雑誌に掲載されており、住所はあらかじめ調べてある。新宿駅に着き、そこから万世橋《まんせいばし》行きの都電に乗れば早いと分かっていたが、切符の買い方が分からず、最寄り駅で降りられる自信もなかったため、歩いて行くことにした。東京都区分地図を片手に家を探しながら、三十分ほどかけ、午前十時にたどり着いた。

だが、いかりやは仕事で留守にしていた。妻が応対に出て、「今はボーヤ（付き人）がいっぱいみたいよ」と教えてくれた。志村はあきらめきれず、直談判《じかだんぱん》するつもりでマンションの前に座り込んだ。そして、そのまま十二時間が経過した。

今日は帰って来ないのかもしれない。午後十時を過ぎ、そんな不安が頭をよぎるなか、タイヤの軋《きし》む音が聞こえ、ようやくいかりやが帰ってきた。寒空の下に立ちつくしていた若者にあきれたのか、「まあ、上がれよ」と家のなかに招き入れ、志村の話を聞いてくれた。いかりやによれば、ドリフには三人のボーヤがいて、これ以上増やすつもりはない。だが、そのなかの一人がもうすぐ辞めるかもしれないという。「そのときは連絡するから待ってろ」と告げられ、志村の長い一日が終わった。

一週間後、本当に電話が鳴り、後楽園ホールに呼び出された。そこでは『あなた出番です！』の公開収録が行われており、メンバーが全員集まっている。志村が楽屋を訪れると、早速、新しいボーヤとして紹介された。彼は卒業式を終えてから働くつもりだったが、そのことを挨拶で話すと、早速いかりやの罵声が飛んだ。

「バカヤロー、明日からだ」

ドリフは翌日から一週間の東北巡業が決まっていた。志村は急いで家に戻って仕度し、そのままボーヤとして初めての旅に出た。

巡業の仕事はとにかくキツかった。主な仕事は楽器の運搬とセッティングで、重い楽器を運ぶのは新入りの役目である。地方では一日三回公演で、朝早くからセッティングし、終演後に車に積み込み、次の公演場所まで移動しなければならない。ボーヤが眠れるのはせいぜい四時間くらいだ。電車移動の場合も楽ではなく、わずか一分間の停車中に二十個以上の楽器を運び込んだ。寝台車ではベッドの上を楽器が占領し、ボーヤは盗まれないように一晩中楽器を見張らなければならなかった。

昨日まで高校生の少年はボーヤ修業の厳しさを存分に知り、東京に帰ってきた。まだ若いがゆえに目の前の仕事のつらさにもひるまず、プロの世界に触れ、夢が大きく膨らんでいただろう。卒業式の日は二時間だけ時間をもらい、学校へ行って卒業証書を受け取った。

志村はそれから一年半後に一度「脱走」し、六年後にドリフの正式メンバーになる。

笑わない家

いかりやと志村の少年期は、時代は違えど、どこか似た印象を受ける。それは、二人ともが強い父性と対峙しながら、自己形成を行っていくからである。偶然にも、どちらの父も講道館柔道を修め、いかりやの父が三段、志村の父は五段だった。隣近所からも恐いと噂され、喧嘩しても敵わない、一家の長として絶対的な存在だ。志村はそんな父に反発してコメディアンを目指すのだが、彼の芸名は父の志村憲司《けんじ》からつけた。いかりやがコメディアンとしての姿を父に誉められたかったように、志村もまた父に認めてほしかったのだ。

一九五〇年二月二十日、志村康徳は東京都北多摩郡東村山町（現・東村山市）に三人兄弟の末っ子として生まれた。志村家は代々続く農家だったが、父は小学校の教師をしていた。東京都内とはいえ、周りは畑だらけで、家には囲炉裏《いろり》があり、井戸もある。康徳は小学三年生まで分校に通い、夏の日にはポケットに塩を入れ、途中で畑のトマトやきゅうりをかじりながら歩いた。いかりやと同じく、志村も「自分が全然知らないものだとコントにはできませんよ」と語る（『東京人』一九九九年七月号）。都心に比べると十年くらいのギャップを感じたという東村山での生活が、のちのコントにも活かされている。

だが、のどかな田舎の風景とは対照的に、志村家のなかは、いつも暗く重苦しい雰囲気が漂っていた。厳格だった父は、帰宅すると書斎にこもりきりになり、家族の間に会話がなかった。機嫌を損ねるようなことを言えば、いきなり足払いをされて殴られる。康徳は恐くて口もきけず、父との会話は給食費をもらうときぐらいだった。

父は封建的な男尊女卑に染まっているから、母に対してもつらくあたった。康徳は、母が殴られる場面を何度も見ている。少年の目から見る母は、一日中ずっと動いていた。朝は早起きして食事をつくり、昼間は畑仕事に出かけ、戻ってからまた食事をつくり、夜は後片付けと洗濯をして、最後に風呂に入る。子供心にもその姿を「かわいそうだな」と思った。母は父が死ぬまで黙って働き続けた。

本当の母は、踊りや芸事が好きな人だった。志村は次のように語る。

〈おふくろの実家は明るくて、笑うのが好きな家なんだけど、でも嫁いだ先の家の中に笑いなんかなかった。おやじもじいさんも厳格で怖かった。おふくろも笑いたかったと思うんです。正月とお盆に、自分の実家に帰った時は、笑顔を見せてましたから。〉（『週刊女性』二〇〇七年三月六日号）

　そんな笑いのない家が、一瞬だけ明るくなる。それが、テレビで笑いの番組を見ているときだった。とくに鮮明な印象を残した番組が、『雲の上団五郎一座』の舞台中継である。『雲の上団五郎一座』は一九六〇年から「東宝ミュージカル年忘れ爆笑公演」と銘打たれ、一九六四年まで毎年十二月に東京宝塚劇場で上演された。戦前よりエノケンやロッパが東京の大劇場で大衆に笑いを提供してきたが、敗戦後は凋落《ちょうらく》の一途をたどる。そのなかで、『雲の上団五郎一座』は東京喜劇の集大成であり、最後の輝きとなる舞台だった。すでにエノケンは晩年を迎え、注目は三木《みき》のり平《へい》と八波《はっぱ》むと志《し》の劇中劇に集まった。二人が演じる歌舞伎の演目『与話情浮名横櫛《よわなさけうきなのよこぐし》』（通称「源氏店」）のパロディは、萩本欽一や高田《たかだ》文夫《ふみお》らが絶賛する伝説のコントである。

　志村家でもそのテレビ中継を見ており、康徳は「源氏店」の場面に腹をかかえて笑った。ふと横を見ると、いつも笑わない父も笑っている。康徳は父が笑う姿に驚くよりも先に、そうさせることができるコメディアンの凄さを実感した。後になって振り返れば、それが笑いの道を志すきっかけの一つだった。

父は康徳がドリフのボーヤになることに反対しなかった。だが、正確に言えば、父が何を思っていたか分からない。その頃の父が、交通事故の後遺症である記憶障害に悩まされていたからである。

父は一九六〇年に教頭に昇進し、さらに校長の試験を受けるために、日夜勉強に励んでいた。だが、康徳が中学に入る前の一九六二年三月、志村家の目の前で交通事故が起きる。バイクで帰宅途中の父が追突され、勢いよく飛ばされて頭を強打した。病院での診断結果は全身打撲と骨折だけだったが、それから三年後、おかしな症状が現れ出す。康徳の顔をじーっと見て「どちら様ですか」と言い、食事をしたすぐ後に「飯はまだかい」と聞くようになった。精密検査の結果は、脳内出血による記憶障害だった。一九六五年、父は四十七歳で仕事を休職する（ＮＨＫ『ファミリーヒストリー』二〇一八年五月二十八日放送）。

強くて恐い父が、一転して情けなく見えた。だが、康徳はそんな父の名前をあえて芸名に選んだのだ。そこには、志した道を途中であきらめた父の無念を晴らそうとの思いがあったのだろうか。彼がコントでしばしば演じるボケた老人は、そのとき見た父の姿がモデルだった。どんなつらい出来事であっても笑いに変えるのは、コメディアンの性《さが》である。

志村けんという大河

いかりやは志村を次のように評している。「笑いに関しては素人の集まりでしかなかったドリフだったが、今思えば、この志村だけが、本格的なコメディアンの才能をそなえていたのかもしれない」（『だめだこりゃ』）。他のメンバーがプロのバンドマンを目指して芸能の世界に入り、途中で笑いに転じていったのに対して、志村は高校時代にバンド活動をしていたものの、初めからコメディアン志望だった。彼はドリフで人気者になってからも、寄席や劇場に足を運び、大量の映画やドラマのビデオを見て、笑いの研究を続けた。仲本はそんな志村を次のように語る。

〈誰よりも新しい笑いに貪欲なんですよ。とにかくいろんな笑いや音楽を見たり聞いたりしてましたね。それを取り入れるのがすごく上手かった。〉（『文春オンライン』）

志村はコミック・バンドの一員でありながら、その芸の幅はずっと広い。コント55号に憧れ、『志村けんのバカ殿様』で東八郎《あずまはちろう》とも共演した彼は、エノケンやロッパに代表される東京喜劇の水脈を引いているのだろう。その一方で、晩年の舞台である『志村魂』では笑って泣ける松竹新喜劇を上演するなど、人情喜劇も芸域に入っている。それはまるで、日本の喜劇のいくつもの支流が、志村けんという大河に流れ込んでいるかのようだ。

彼の笑いへの探求心は、幼い時分からその萌芽が垣間見える。康徳は小学四年生のとき、初めて人前でコントを披露した。友だちの家で柳家金語楼《やなぎやきんごろう》の落語のレコードを聞き、それをコントにつくり変えたのだ。柳家金語楼は戦前から活躍する「喜劇王」の一人で、戦後はテレビにも出演し、「ハゲ」や「顔芸」といった誰にでも分かる笑いで人気を集めていた。子どもがテレビで見たギャグを真似ることはよくあるが、耳で聞いた話に動きをつけるのは珍しい。その内容も酔っ払いの話で、のちの姿を彷彿とさせるエピソードである。

高校では、文化祭のときにトリオを組み、公会堂でコントを実演した。当時は演芸ブームの真っ只中で、「トリオブーム」と呼ばれるくらいに三人組のグループがテレビで活躍していた。康徳は「てんぷくトリオ」の真似をして、かなりウケたという。てんぷくトリオは三波伸介《みなみしんすけ》、戸塚睦夫《とつかむつお》、伊東四朗《いとうしろう》の三人組で、『国定忠治《くにさだちゆうじ》』のパロディの『名月赤城山』が代表作だ。『国定忠治』は昭和四十年代まで人気を保った新国劇の定番演目である。新国劇は剣劇で人気を集めた劇団で、ドリフもその演目をしばしばコントにしている。

十代の康徳が実際にどんな笑いをつくっていたかに関して、友人の証言が残っている。

康徳は体育祭で応援団長になり、応援にも笑いを取り入れていた。そのときの相手役によれば、その中身は次のようなものだ。

〈衣装は上下ピンクのダボシャツとステテコ。二〇メートルくらい離れて向かい合い、一人がボクシングで相手を殴るかっこうをする。と、もう一人は殴られて倒れる。次はプロレス、キックボクシング。この振りつけには、見ていた校長先生が涙を流して喜んだという。〉（『主婦と生活』一九八〇年十一月号）

屋外では声が通らないから、動きだけの笑いを狙ったのだろう。その動きは、どこかサイレント時代の喜劇映画を連想させる。実際、その頃の彼は、アメリカのコメディアンに夢中になっていた。そのコメディアンとは、加藤も憧れたというジェリー・ルイスである。

高校生の康徳は、ジェリー・ルイスの映画が面白いとの噂を聞き、学校をサボって映画館に行った。ちょうど三本立てを上映しており、彼はあまりのおかしさに涙を流して笑い、そのまま一日中見てしまう。なかでも『底抜けてんやわんや』に衝撃を受けた。『底抜けてんやわんや』はホテルを舞台にして、ボーイ役のジェリー・ルイスが次々と騒動を起こす作品である。とくにストーリーはなく、短いギャグの連続なのだが、ジェリー・ルイスは最後のシーンまで一言も発することなく、動きと表情だけで笑わせていく。その映画は、のちに志村が動きのある笑いにこだわる原点になった。ジェリー・ルイスが見せる寄り目の表情は、現代の私たちにとって、志村けんそのものである。康徳はジェリー・ルイスとの出会いが決定的な体験となり、本格的にコメディアンを目指しはじめた。

彼は高校二年の進路相談で、コメディアンになりたいとはっきり伝えた。担任の教師も彼の本気を感じたのか、由利徹の遠い知り合いだからと、わざわざ紹介状を書いてくれた。康徳はそれを持って由利の家に行ったが、これ以上弟子を増やせないという理由で断られている。康徳が大学に行くべきか尋ねると、由利は「大学に行ったら気が変わっちゃうぞ」と答えた。その一言によって、大学に進学せず、すぐに笑いの世界へ入る決意をする。

そして、卒業前の雪の日に、康徳はいかりやの自宅へ向かったのである。

ボーヤ生活

ドリフのボーヤになった康徳は、いかりやの自宅近くのアパートに住み、そこから仕事現場に通った。風呂なし六畳一間に、他のボーヤとの共同生活である。このとき、先輩のボーヤだった井山淳《いやまじゅん》とは、のちにコンビを組むことになる。初めての月給は手取りで四千五百円、当時でもまともに食べられる金額ではない。今のようにテレビ局で弁当が出るわけではなく、メンバーが食べ残したラーメンをかき集めて一人前にした。アパートでは米を炊けてもおかずがないから、白飯にマヨネーズをかけて食べる。インスタントラーメンはご馳走だった。たまに実家に帰ると、母が黙って好物のすいとんと厚揚げをつくってくれ、帰りにはいくらかのお金を持たせてくれた。

生活は苦しかったが、それでも自分は恵まれていた方だと語る。芸人の弟子修業と言えば、封建的な師弟関係のもと、どんな理不尽にも耐えなければならない。その点、ドリフではやるべき仕事をきちんとこなせば、メンバーが気軽に声をかけてくれた。これは、芸人の世界とバンドマンの世界の違いだろう。とくに加藤とは比較的年齢も近く、冗談ができる関係を築けた。一緒にふざけてバカなことをしていると、周りのスタッフが笑ってくれる。康徳はその反応を見て、笑いのタイミングを学んだ。

彼は、ドリフのメンバーになりたかったわけではない。バンドであれば、ボーヤからメンバーに昇格する道もあるが、コメディグループでは考えにくい。彼は期間を三年間に切って、いずれコンビかグループを組んで独立するつもりだった。だから、ドリフがどうやってネタをつくるかを間近で見て、熱心に研究した。自分でネタを書き、ボーヤ仲間と稽古をして、メンバーの前で発表することもあった。

ボーヤ時代の彼がいかに研究熱心だったかを萩本欽一が証言している。おそらく時期はもう少し後だろうが、まだ志村けんの名前を誰も知らない頃に、萩本はテレビ局のディレクターから彼の名を聞かされていた。

〈「大将、志村けんという名前は覚えておいた方がいいですよ。ひょっとすると、大将を追い抜いていくような人かもしれないから」

「なんで？」

と聞いたら、彼は続けた。

「だって、彼は毎週のように僕のところに来て、『すみません。55号の台本ありますか』ってもらいに来るんだ。そういう人じゃないかな、55号を抜いていくのはさ」〉（『週刊文春』二〇二〇年五月七・十四日合併号）

その一方で、康徳は、自分が一般社会のことを何も知らないのではないかとの不安を感じてもいた。話を聞けば、みなボーヤになる前にいろいろな人生経験を積んできている。世間知らずのコメディアンが、人を笑わせられるだろうか。康徳は考えた末、「一年間ドリフを離れて社会勉強がしたい」と、いかりやに申し出た。

だが、いかりやから必要ないと即座に却下された。間の悪いことに『全員集合』がはじまる直前で、新宿コマ劇場の公演も控え、ドリフが最も忙しい時期だった。とはいえ、康徳としても、夢を叶えるために必要だとの思いは変わらない。彼はボーヤの先輩に「一年後に戻る」と伝え、姿を消した。一九六九年九月、雪の日の訪問から一年半が過ぎていた。

志村の自伝では事の経緯について、行き違いがあっていかりやに「逃げた」と誤解されたように書かれている。だが、いかりやの諒解を得なかったのは間違いない。新宿コマ劇場の公演では、裏方として小道具を渡す段取りまで確認しており、メンバーも逃げたと認識していた。居作昌果は、公演初日に志村がメンバーに隠れながら、一番後ろの席で舞台を見ていたと書いている。それが事実だとすれば、彼にも負い目があったのではないか。

彼は一年間、親戚の会社で働いたり、スナックのバーテンをしたりと、あらゆる仕事に就いた。スナックではカウンターのなかで客を笑わせると、酒をおごってもらえる。それが店の売上につながり、歩合制の給料はボーヤ時代よりもずっとよかった。だからといって、本来の目的を忘れてはいない。そんな生活をしながらも、ネタだけはせっせと書き続けた。

一年後、康徳は再びドリフに戻ってきた。このとき、彼は加藤に頼んでいかりやに会わせてもらい、頭を下げた。いかりやは「二度も弟子入りするくらいだから、よくよく好きなのだろう」と許してくれた。それからは加藤担当のボーヤになり、しばらく加藤の家に居候をさせてもらっている。

こうして康徳の二度目のボーヤ生活がはじまった。

『8時だョ！全員集合』スタート

一九六九年十月四日土曜午後八時、『8時だョ！全員集合』がスタートした。十月は前月に収録した録画放送で、生放送は第五回からである。第一回は東京の三鷹市公会堂で収録され、ゲストとして坂本九や山本陽子《やまもとようこ》が出演した。番組のフォーマットはまだ固まっていない。当時の新聞記事によれば、「屋台くずし、ゲスト・コーナー、ドリフターズの学校シリーズ、悩みあり……、山本直純《やまもとなおずみ》の音楽コーナー、ドリフターズのドボン」の六つのコーナーから構成されていた（『朝日新聞』一九六九年十月四日）。

コントのほかにトークやゲームもあり、かなりバラエティに富んだ内容だが、『全員集合』にとって重要な要素がすでに揃っていた。それは、山田満郎の舞台美術と山本直純の音楽である。

『全員集合』の人気を支えた大掛かりな舞台美術は、ＴＢＳの美術スタッフである山田満郎が手掛けている。なかでも屋台崩しは番組当初から目玉の一つだった。屋台崩しとは、舞台上の建物が崩れ落ちる場面を見せる仕掛けである。第一回の「万国博工事現場」は、半年後に開催される大阪万博が舞台だった。とはいえ、まだコントの大オチを任されていたわけではなく、あくまでも冒頭の一コーナーにすぎなかった。ストーリー性はなく、時間も短い。第四回の教会セットでは、仲本工事とゲストの小川知子《おがわともこ》が結婚式をあげるなか、高木ブーが祝福の鐘をつくと、鐘が落ちて教会がガラガラと崩れ落ちる（『8時だョ！全員集合の作り方』）。いわば番組のツカミであり、その次にドリフの学校コントがはじまった。学校コントは『全員集合』の定番になるが、このときは書き割りパネルの前で行われた。のちにメインとなる前半コントは、好評だった学校コントを膨らませ、本物志向の舞台セットを用意し、屋台崩しなどの仕掛けをストーリーに組み込んで、形成されていった。『全員集合』の音楽は、初期にレギュラー出演していた山本直純が担当した。山本は指揮者であり、数々の映画やドラマの音楽を担当した作曲家であり、自らテレビに出るタレントでもあった。映画『男はつらいよ』の主題歌は、彼の作曲である。また、小澤征爾《おざわせいじ》に最初に指揮を教え、二人は生涯の友となった。小澤は山本の才能を称賛してやまない。二十三歳の小澤がヨーロッパに行くと決めたとき、山本は次のように声をかけた。「音楽のピラミッドがあるとしたら、おれはその底辺を広げる仕事をするから、おまえはヨーロッパへ行って頂点を目指せ」(『考える人』二〇一四年秋号)。

山本は「天才」でありながら、音楽を大衆化する仕事に力を注いだ。『全員集合』はそのなかの一つであり、冒頭でメンバーが舞台に駆け上がるときに流れる「オープニング・マーチ」のほか、コントにあわせた「オチ音」なども作曲した。番組初期に山本が一流のサウンド世界を構築したことは、『全員集合』にとって好運だった。山本が多忙になってからは、助手のたかしまあきひこが引き継いでいる。舞台転換の間に流れる「盆回り」は、たかしまの作曲だ。『全員集合』の音楽は、彼らによって支えられていく。

一方で、初期の『全員集合』から消えていったものもある。トークコーナーは、漫画原作者の梶原一騎《かじわらいっき》や政治評論家の藤原弘達《ふじわらひろたつ》といった癖のあるゲストを招いたが、上手くいかなかった。いかりやのフリートークが、どうにも不器用に見えたからだ。また、「ドリフでドボン」は、舞台上に巨大なすべり台を二つ設置し、クイズに答えられないとすべり台が傾き、水や粉のなかに落ちるという企画である。セットは鉄骨で頑丈につくられており、番組の目玉コーナーになるはずだった。だが、すべり台が短いために大したスリルもなく、失敗に終わる。金をかけたセットも、わずか三ヶ月で廃棄された。

いろいろな企画を試しながら、次第にドリフの得意不得意が浮き彫りになっていった。端的に言えば、アドリブやハプニングに頼る笑いが苦手なのだ。そこで、メンバーが苦手なコーナーを削り、コントをつくり込む方向に番組全体がシフトしていく。

試行錯誤だった三ヶ月間の視聴率は一五％前後で推移した。『全員集合』以前は一桁台なのだから、けっして悪い数字ではない。だが、裏番組の『世界は笑う』とは一〇％以上の差をつけられており、このままでは成功と言えなかった。一方で、生放送の会場内は大いに盛り上がり、コントもウケている。居作は番組の中身に十分な自信をもっていた。あとはどうやって視聴率に結びつけるか、それはプロデューサーの仕事だ。

居作はＴＢＳの人気ドラマに出演する俳優をゲストに呼ぼうと考えた。それだけでなく、コントにも一緒に参加してもらいたい。一見すると無謀な企画だが、彼は各番組のプロデューサーと交渉し、実現にこぎつけた。一九七〇年一月からの『全員集合』は、次のようなラインナップが出揃った。

・一月二十四日「ドリフ対サインはＶ」（出演：岡田《おかだ》可愛《かわい》、中山《なかやま》麻理《まり》）
・一月三十一日「ドリフ版『柔道一直線』」（出演：桜木健一《さくらぎけんいち》）
・二月七日「少年たちに愛の手を」（通常回）

・二月十四日「ドリフ版キイハンター・強盗団集結」（出演：丹波《たんば》哲郎《てつろう》、野際《のぎわ》陽子《ようこ》）

居作の作戦は見事に当たった。一月二十四日の視聴率は一気に二四・二％に跳ね上がった。一方、『世界は笑う』は一五・二％に沈み、『全員集合』スタートから四ヶ月目にして、初めて逆転に成功する（『週刊ＴＶガイド』一九七〇年二月二十日号）。だが、ゲストの力によって一時的に視聴率が上がっても、すぐまた元に戻るかもしれない。彼はむしろ二月七日の通常回の視聴率を注視していた。ゲスト回の間にあえて通常回を挟んだのは、番組の真価を見定めるためだ。

結果は二五％近い数字を記録する。居作は茶の間の視聴習慣が変わったと確信した。

舞台の生中継という形式

メンバーが繰り返し語るように、『全員集合』はジャズ喫茶や日劇の延長であり、舞台が基本だった。そこで、ドリフおよび『全員集合』について、演劇史の視点から考えてみたい。

日本の戦後演劇史は、一九六〇年代に新劇に対抗してアングラ演劇が生まれ、一九七〇年代はつかこうへいを代表とする小劇場演劇の第二世代、一九八〇年代は野田《のだ》秀樹《ひでき》や鴻上《こうかみ》尚史《しょうじ》らの第三世代が活躍する歴史として描かれてきた。近年は「商業演劇」が見直され、宝塚や松竹新喜劇、東宝系喜劇なども研究対象に入りつつある。だが、そこにドリフの名を見ることはない。ドリフは、テレビ史のほかに音楽史でも言及される一方で、演劇史には一切出てこないのだ。それは当然のことだろうか。

居作によれば、『全員集合』は出演者やスタッフにとって、テレビ番組ではなく、一つのステージ・ショウをつくるような感覚だった。そのため、演出はディレクター二人体制を敷き、一人を舞台担当、もう一人を中継担当にした。普通のテレビ番組であれば、中継車に乗るディレクターが、放送を考えながら出演者の動きに指示を出すが、『全員集合』ではカメラマンにしか指示を出せない。舞台上の演出は、客席最前列に座る舞台担当のディレクターが受けもち、観客にウケるかどうかだけを考える。カメラの構図よりも観客のウケが優先されるのであり、『全員集合』はまさに舞台の生中継なのだ。

ステージ・ショウとしての『全員集合』は、客席を盛り上げるために、放送時間以外にも様々な趣向がこらされていた。番組の裏側を含めたショウの構成について、居作の著『8時だョ!全員集合伝説』をもとに見ていこう。

開場は午後七時、指定席券をもった観客が客席に着き、午後七時三十分頃に前説が現れる。生バンドの演奏とともに緞帳が上がり、それがショウのはじまりの合図だった。ゴールデン・ハーフやキャンディーズといった、そのときのレギュラーアシスタントが舞台に上がり、歌を披露するなどして、いよいよ法被《はつぴ》を着たいかりや長介の登場である。いかりやが「オイッス！」と叫ぶと、観客が「オイッス！」と即座に反応する。彼はメンバーとゲスト歌手を一人ずつ呼び込み、トークをしながら会場を温めていく。

五分前になり、生放送開始に向けたスタンバイがはじまる。ゲストやアシスタントは舞台袖に引っ込み、メンバーが客席の通路に降りていく。その間にも、いかりやと観客の「八時だョ！」「全員集合！」の掛け合いが何度も繰り返される。それによって会場全体を一体化していくのだ。いかりやが「後ろの方、声が小さい」と叫んだり、加藤が「高木ブーさんが居眠りしてます」と声を上げたりすると、客席がわき立ち、ボルテージは一気に上がった。そして「五秒前」の声が飛び、いかりやの「八時だョ！」で生放送がスタートする。

オープニングが終わるとすぐにコマーシャルに入るが、セットチェンジをすべて見せるため、会場のワクワク感が消えることはない。前半コント、ゲストの歌、少年少女合唱隊など、あっという間の一時間が過ぎ、番組はエンディングを迎える。だが、生放送が終わっても、ショウはまだ続いている。バンドが会場向けの演奏を行い、ゲストによる挨拶があって、緞帳が降りてくる。ドリフのメンバーだけは緞帳の前に残り、最後にいかりやが観客に御礼を述べて、約一時間半のショウが終了となった。

目の前の千人を笑わせられなければ、茶の間の何百万人、何千万人を笑わせることはできない、これが番組の基本的な考え方だった。だから、出演者はカメラを意識せず、会場内の観客に向けてコントをした。カメラに視線を向けるのは、いかりやの「八時だョ！」と、エンディング曲のなかで加藤が「歯磨けよ」「風邪ひくなよ」と言うときだけである。

仲本によれば、舞台での公開コント形式によって、ドリフが本領を発揮できたという。

〈僕らはテレビの収録より、お客さんを入れた舞台のほうがやりやすかった。元々ドリフは、ジャズ喫茶という舞台出身だから、お客さんの前でやる方が好きなんですよ。無言のテレビカメラに向かって芝居するというのは、間がとりにくい。どうしても同じ間になってしまうからね。お客さんがいれば、目の前のお客さんの息づかいを聞いて、それに乗って芝居すればいいから、手ごたえがある。〉（『文春オンライン』）

『全員集合』が続いた十六年間、ドリフは番組以外も含めると、全国のステージに立っている。『全員集合』の中継会場は関東近郊の公会堂を中心としながら、北海道、宮城、福島、新潟、石川、静岡、愛知、三重、岡山、広島、福岡、宮崎を訪れ、その際には町おこしイベントのような歓迎を受けた。また、全盛期の最も忙しい時期でも、日曜から火曜まで頻繁に地方営業に出向いている。営業ではコントや歌で構成した二時間半のショウを一日二ステージ行う。正月は日劇公演、ゴールデンウィークは浅草の国際劇場公演が恒例だ。まるで、いかりやを座長として全国を回る一座のようである。一九七〇年代に最も多くの日本人を楽しませた演劇は、新劇でもアングラ演劇でもなく、ドリフなのだ。

演劇史のなかのドリフターズ

では、日本演劇史においてドリフはどんな存在だと考えられるだろうか。最高視聴率が五〇%を超えた『全員集合』は、同時代のあらゆる地域、年齢、階層を超えて、数千万人の日本人が視聴していたことになる。また、週休二日制になる前の土曜八時は、多くの家庭にとって、一週間の労働を終えた後の、余暇のはじまりの時間だ。一九七〇年代において、多くの国民は毎週同じ時間に同じ娯楽を共有していた。それは、演劇の近代が夢見た理想、その一部が実現したということではないか。

近代演劇の理想の一つは、あらゆる階層の人々を同時に楽しませ、国民を統合することだった。その最初期の提唱者が坪内《つぼうち》逍遥《しょうよう》であり、彼の構想した「国劇」は、国民に健全な「娯楽」を提供し、同時に「教化」する演劇を目指していた。また、大正時代に入ると、大正デモクラシーを背景として、「民衆芸術」や「民衆娯楽」が盛んに議論された。直接的にせよ間接的にせよ逍遥の国劇論を引き継ぎ、民衆芸術／民衆娯楽を実現したのが、芸術座をつくった島村《しまむら》抱月《ほうげつ》であり、新国劇をつくった澤田《さわだ》正二郎《しょうじろう》であり、宝塚歌劇および東宝をつくった小林一三である。

　小林は阪急グループを創始した近代日本を代表する経営者であると同時に、興行師でもあった。興行師としての小林は「国民劇」の創成を提唱し、そのために「大劇場主義」を実践した。大劇場主義は、上流階級のための劇場を広く国民に開放するという理念に基づき、客席数を増やして観劇料を値下げするなど、興行法の改革を行う。実際に小林は、一九二四年に四千人を収容できる宝塚大劇場をオープンし、一九三二年に株式会社東京宝塚劇場（現・東宝）を設立してからは、有楽町・日比谷エリアに大劇場を次々と建設していく。ドリフが毎年出演した日劇と国際劇場は、小林の手によるものではないが、同じ時代に誕生した大劇場だ。日本に大衆社会が進展し、大衆に必要な娯楽が求められていたからこそ起きた、大劇場の建設ラッシュである。

小林は、日本国に根差し、国民全体が共有できる理想の「国民劇」を目指して、新しい劇団を何度も立ち上げた。だが、結果的にその試みは失敗に終わった。そして、テレビの登場によって、大衆娯楽の勢力図は大きく塗り替わる。大衆にとっての娯楽はテレビが中心になり、もはや、国民が共有する演劇という発想そのものが成り立たなくなった。

そのような状況のなか、テレビ番組でありながら舞台の生中継だった『全員集合』は、一面において、「国民劇」の理想を実現していたのではないか。もちろん、「娯楽」と「教化」を基本理念とした逍遥の「国劇」から「教化」が抜け落ちており、「国民劇」が目指した「健全な」娯楽とは言えないかもしれない。だが、その一方で、「国劇」と「国民劇」が歌舞伎の改良を共通のコンセプトにしていたように、『全員集合』も歌舞伎と無関係ではなかった。屋台崩しや回り舞台などの舞台美術に歌舞伎の技術が使われており、ドリフのメンバーもアイデアを探しに歌舞伎を観に行き、積極的に取り入れている。

逍遥や小林の理想とは違っていたかもしれないが、これほどまでに多くの国民が共有した演劇は、歴史上ほかにないだろう。のちの議論を先取りして言えば、一九八〇年代以降に笑いが細分化していくなかでも、ドリフだけは広く国民に笑いを提供するという意志を失わなかった。そして、その意志を最期まで貫き通したのが、志村けんなのである。

コント55号の転落

世にいう「土8戦争」の第一ラウンドであるドリフVSコント55号は、ドリフが勝利した。『世界は笑う』の視聴率は一〇％台で低迷し、一九七〇年三月に終了、リニューアルした後継番組の『コント55号のやるぞみてくれ！』は、一桁台の視聴率に落ち込み、わずか二ヶ月で打ち切りになった。そのままコント55号は、フジテレビの同枠から撤退する。第一ラウンドは、『全員集合』がスタートしてからわずか八ヶ月で決着がついた。

『世界は笑う』はコント55号の人気を決定的にし、土曜八時にバラエティを根づかせるきっかけをつくった番組である。その番組がライバルに敗れるかたちで終了したことによって、潮目が変わった。新聞には「笑いの王座」から転落したとはっきり書かれている。年内はコント55号のレギュラー番組も継続するが、翌一九七一年に番組が次々と終了していった。絶頂期は約二年、以降はコンビの活動を減らし、それぞれ単独で活動していく。

萩本によれば、両者はライバル視されながらも、プライベートでは仲が良かったという。とくに萩本は加藤、仲本と交流があり、いかりやの家に遊びに行ったこともある。だが、コメディアン同士として互いに敬意を払う一方で、真剣勝負をしていたことも間違いない。

年齢を重ねてからの回想はどうしても丸くなりがちだが、当時はやはりギラギラしていたのではないか。例えば、『世界は笑う』と対決している最中になされた次のいかりやの発言は、あきらかにコント55号を意識しているだろう。

〈ボクはハプニングがキライなんですよ。メンバーにもハプニングの芝居はやらせないようにしているんです。失敗してもハプニング、成功してもハプニング。こんなおもしろさでお客さんから木戸銭もらうのは、お客さんに対して失礼だと思うんです。〉（『週刊平凡』一九七〇年三月二十六日号）

別の見方をすれば、ドリフはコント55号がいたからこそ、自分たちの長所を伸ばすことができたのだ。ドリフは初めからハプニングを排除していたわけではない。『全員集合』と同時に、日本テレビで『ドリフターズ大作戦』（月曜夜七時〜七時三十分）がスタートした。この番組は視聴者参加型のかくし芸大会で、四組の出場者にメンバーが一人ずつ付き、優勝を目指して競い合う。ディレクターの白井は番組のねらいを次のように語る。

〈〝大作戦〟では脚本にない人間ドリフの味をあじわってもらうつもりです。たとえば、いつもおこっているこわい、いかりや長介、彼は本当はとても暖かい人間なんです。…（中略）…〝大作戦〟では、ヘエー、これがドリフか、というような面を出したい。だから脚本はありません。ドリフのメンバー一人一人の個性がつくる番組になるはずです。いってみれば、彼らは番組と自分自身の演出家になるんですよ〉（『週刊ＴＶガイド』一九六九年十月三十一日号）

　だが、『ドリフターズ大作戦』は視聴率が伸びずに半年で終わった。メンバーの素の個性は、つくり込んだキャラクターにかなわない。彼らの方向性がこれではっきりした。

　次に日本テレビではじまった『ドリフのドパンチ!!学園』（金曜夜七時三十分〜八時）は、一転して公開コント番組になった。学園を舞台にし、いかりやが教師役、加藤以下が生徒役というおなじみのスタイルだ。案の定、番組は当たった。だが、『全員集合』では稽古と本番に週三日を費やしており、そのようなやり方では週二本のコント番組を維持できない。その結果、番組は好調のまま半年後に終了した。ドリフは『ホイホイ』以来、常に白井が制作する日本テレビの番組にレギュラー出演してきたが、ここで一度途切れた。

　この決断がのちに大きな禍根を残すことになる。

加藤茶の危機

　二〇二一年、劇団ひとりやサンドウィッチマンがドリフのコントに挑戦する番組『ドリフに大挑戦スペシャル』が放送された。リメイクした「もしも…威勢のいい風呂屋があったら」は、銭湯を舞台に普段偉そうにしているいかりやが四人から徹底的に仕返しされるコントで、カンニング竹山《たけやま》がいかりや役を演じていた。興味深かったのは、本編の前に竹山が道端で子どもやカップルを怒鳴りつける場面を追加していたことだ。あらかじめ竹山を嫌な奴に見せておかなければ、仕返ししても笑いにならないのだろう。オリジナルにその場面が不要なのは、視聴者がドリフの関係性を知っているからである。

　いかりやの自己分析によれば、ドリフの成功はギャグの独自性ではなく、メンバーの位置関係をつくったことにある。圧倒的な権力者であるいかりやの下に、不満を抱えた四人の弱者がいるという構図だ。いつも虐げられている弱者が権力者に仕返しすることで、笑いが生まれる。この関係性の笑いは、先生と生徒や上司と部下、大家と店子など、あらゆるバリエーションで成立した。視聴者が関係性を理解していれば、どんなシチュエーションであっても事前の説明は一切必要ない。

　番組を通して、ドリフの関係性は日本人に刷り込まれた。本来なら舞台上の出来事は演技のはずだが、普段から同じ関係性だと思い込んでしまっている。その記憶は根強く、『全員集合』終了後にいかりやが俳優として評価されても、権力者のイメージは覆らなかった。だからこそ、トーク番組でメンバーがいかりやの悪口を言うと、必ずウケるのだ。メンバーの人間味を見せる『ドリフターズ大作戦』は、失敗してむしろ良かったのだろう。

権力者と弱者の関係は、そのギャップが大きいほど、笑いも大きくなる。その点、小柄で童顔の加藤は、いじめられ役に適任だった。ドリフの映画を見ると、加藤がいかりやから理不尽にこき使われるシーンは本当に可哀想で、見る者の同情を誘う。視点を変えれば、加藤が過度におびえる姿を見せるからこそ、いかりやの横暴さが際立ったとも言える。ドリフの笑いはその蓄積の結果として、爆発力をもっていった。

だが、その要の加藤に危機が訪れる。一九七〇年七月一日深夜、加藤の運転する車が大事故を起こしたのだ。

その日、ドリフは松竹大船撮影所で主演映画の撮影を行い、終わってから加藤は女性を乗せてドライブに出かけた。日付が変わって二日午前一時、逗子海岸を走行中に、わき見運転をしてセンターラインを大きく越え、対向車と正面衝突した。加藤は比較的軽傷だったが、同乗の女性および相手方の三名が、命に別状はないものの重傷を負った。あきらかに加藤の過失による事故である（『週刊平凡』一九七〇年七月十六日号）。

加藤は鎌倉の病院に入院した。だが、生放送の『全員集合』は待ってくれない。二日後の土曜日、番組冒頭で「八時だョ」の掛け声にかわり、いかりやが事故について謝罪した。こういうときの彼の振る舞いは、まさにドリフの家長だった。また、その日の前半コント「恐怖の探検隊」では、荒井・仲本・高木がいつになく奮闘したという。彼らは仲間の穴を埋めるべく奮起し、コメディアンとして覚醒していった。

だが、加藤をいつ復帰させるか。TBSには、復帰を待つ声から番組の打ち切りを求める声まで、電話と投書が殺到していた。時機を誤れば、批判がさらに高まり、番組の存続すら危ういかもしれない。難しい判断だった。いかりやは関係者と協議し、まだ入院中の加藤を舞台に上げることを決断した。視聴者の反応が読めないなかで、一種の賭けである。

七月十一日、加藤は病院を抜け出し、中継会場である平塚市民センターの舞台に立った。

加藤はそのときのことを次のように振り返っている。

〈長さん（いかりや長介）が「えー加藤茶が本日よりメンバーに加わりますのでよろしく」と、あいさつしてくれたんですが、舞台に出ると罵声が飛ぶな、と覚悟していたんです。でも、みんな拍手してくれたり「ガンバレよ！」って声援してくれましてネ。うれしかったですよ。ホントに。（シンミリと）高木ブーさんなんか、ボクの後ろで泣いてるんですよ。ススリ泣きが聞こえると、ボクもつい涙声になっちゃって、ジーンと胸がしめつ

けられましたですよ。ボクも泣いてたなァ…。〉（『週刊平凡』一九七〇年七月三十日号）

このとき、ドリフは間違いなく危機に直面していた。視聴者が事故によって加藤に反感を抱くようになれば、ドリフの笑いが成り立たなくなる。他のメンバーが短期的に代役を務めたとしても、加藤の代わりはいないのだ。だが、会場の声援が不安を吹き飛ばしてくれた。ケガが完治しないまま懸命にギャグをする姿が、結果的に功を奏したのかもしれない。

くわえて、事故後の対応についても、加藤は被害者と真摯に向きあった。いかりやが次のように証言している。

〈いつかの交通事故のときなんか、実に立派な態度だった。スターだからといってけっして逃げない。しかも舞台では汗みどろになってやっていた。ずいぶん苦しかったと思うけど、必死のサービスするから、ふだんより客席は湧いていました。〉（『教育ジャーナル』一九七八年八月号）

なお、居作の著書には、加藤の復帰が一ヶ月後の八月一日だったと書かれている。当時の記事を確認すると、加藤は間違いなく七月十一日の『全員集合』に出演している（『週刊明星』一九七〇年七月二十六日号）。とはいえ、その日は挨拶程度だったという加藤の証言もあり、八月一日に本格復帰を果たしたのかもしれない。

危機を乗り越えた『全員集合』の視聴率は、下がるどころか、年末にかけて上昇の一途をたどった。十一月に入ってからは常時四〇％を超えるようになり、翌一九七一年一月二十三日、ついに五〇・四％を記録した。いかりやはそれに対して、「これからのことを考えると恐いみたいな気がする」と答えている（『週刊ＴＶガイド』一九七一年二月十二日号）。

その頃のドリフは『ドリフのズンドコ節』をはじめとしてヒット曲を連発しており、一九七〇年の『ＮＨＫ紅白歌合戦』への出場が確実視されていた。応援団としては何度も出演しているが、今度は歌手としての出場だった。だが、これは加藤の事故のために辞退している。ドリフの歌手としての初出場は、それから三十年後の二〇〇一年である。

高度経済成長の影

一九七〇年十一月二十五日、三《み》島《しま》由《ゆ》紀《き》夫《お》が「楯の会」のメンバー四人とともに陸上自衛隊市ケ谷駐屯地に乗り込み、割腹自殺を遂げた。事件は今なお多様な見方で語られ、高度経済成長にわく戦後日本の空虚さを憂えての行動だったとも言われている。三島の真意はどうあれ、同時代を生きた日本人にとって衝撃的な事件だった。

その日、ドリフは年末公開の松竹映画『誰かさんと誰かさんが全員集合!!』のロケを水戸で行っていた。いかりや演じる「純血日本人」の碇田長吉は、青少年の修練道場「大日本無念塾」の塾長を務めている。映画の冒頭部で、碇田は大日本無念塾の理念を次のように説明した。

「日本人がいつのまにかどこかに置き忘れてきた美しい精神を今の若者の目に取り戻す」

東大全共闘の学生から「近代ゴリラ」と揶揄された三島由紀夫が自決した日に、子どもたちから「ゴリラ」と呼ばれたいかりやが軍服を着用し、愛国者を演じていた。車で敵地に乗り込むシーンの撮影中に、監督の渡辺《わたなべ》祐介《ゆうすけ》がいかりやに向かって叫んだ。「おい、笑顔を見せるな！愛国者は愛国者らしくもっとシマった顔で乗りつけろ！」。その直後に渡辺は三島事件について知らされ、不思議な符合を感じた。「長介氏の軍服姿が、偶然の一致とは言い乍《なが》ら非道《ひど》く不気味であったのを覚えている」（『映画芸術』一九七一年二月号）。

映画のなかで、愛国者の碇田は、政治家や役人と癒着した土地のボスに散々利用され、金儲けのために裏切られる。一方、現実のドリフは三島事件に何ら関心を示さず、翌日からも撮影を続けた。

ドリフは一九六七年から一九七五年までの八年間にわたって、東宝で五本、松竹で十六本の映画に主演している。『全員集合』の初期のVTRがほとんど残っていないため、映画はドリフに荒井注がいた時代の貴重な映像だ。松竹の第八作からは『男はつらいよ』シリーズとの併映になり、ドリフと寅さんを比較して論評されることもあった。例えば、第十一作『チョットだけョ全員集合!!』に対して、川本三郎《かわもとさぶろう》が次のように批評している。

〈「男はつらいよ」が最近とみにまじめなまじめな文部省特選的映画になりあがっているのに対し、前座をつとめる全員集合は、無手勝手、格調の低い方へなりさがろうというわけなのだろう。〉（『キネマ旬報』一九七三年十月上旬号）

　だが、現在、ドリフ映画はファンが話題にするだけで、映画史的に論じられることはない。対照的に、クレイジー映画は高度経済成長期の時代精神が投影された作品として読み解かれる。松原隆一郎《まつばらりゅういちろう》は、高度経済成長期を象徴するコメディアンとして植木等を論じている。松原の論によれば、戦後の日本人は「アメリカ的なるものへの屈託」を抱え込んでいた。戦中に鬼畜米英を唱えた日本人は、敗戦を機に戦死した同胞を裏切り、アメリカ的消費生活になびいていった。その後ろめたさを、罪悪感なく「無責任」にアメリカニズムを受容する植木によって、払拭できたのだという（『東京人』二〇〇七年六月号）。

　時代を映す存在だったクレイジーに対して、ドリフは時代に逆行していたように見える。

当時からドリフは、野暮で泥臭くて素人っぽいと言われてきた。都会的でスマートなクレイジーとは正反対だ。ドリフにはそれしかできなかった面もあるが、一方でいかりやの戦略でもあった。いかりや自身が次のように語っている。

〈ナンセンスそのものは、決してきれいなものであっちゃいけないというのが、僕の信条なんです。僕らがスマートなことを考え出したらおしまいで、目標はドロ臭く、ドタバタ、体を惜しまないで。〉（『サンデー毎日』一九七四年九月十五日号）

　映画にはそんな泥臭いドリフのイメージが反映されている。ドリフが演じる役は、村の半端者や零細企業の労働者たちだ。彼らはしばしば夢を抱いて上京するが、低賃金労働に従事して貧困にあえぎ、都会的な消費生活とはほど遠い暮らしを送った。対する悪役の企業家や土地のボスは政治家と結託し、時流に乗って金儲けを狙う。ドリフは彼らと対決して最後にやっつけるのだが、だからといって社会的な成功者にはなり得ない。ドリフはけっして高度経済成長の恩恵を受けないのだ。

　映画だけではない。レコードに関しても、一九八〇年代以降にクレイジー・サウンドが再評価される一方で、ドリフの楽曲は懐かしのメロディの域を出ない。それは、クレイジーがオリジナル楽曲だったのに対して、ドリフには民謡や軍歌のカバーが多かったからでもある。一九七〇年に発売した『ドリフのほんとにほんとにご苦労さん』は、『軍隊小唄』として知られた曲で、レコードジャケットもドリフの軍服姿だった。ほかにも『海軍小唄』をカバーした『ドリフのズンドコ節』など、今様にアレンジされているとはいえ、当時は誰もが原曲を知っていたはずであり、それらもまた、ドリフの前時代的なイメージを形成したのではないか。ちなみに、『ドリフ大爆笑』のオープニング曲も、戦争中に隣組の普及を目的につくられた『隣組』が原曲である。

いかりやは、『全員集合』では「時代《いま》をえぐるようなコント」をやらなかったと語る。「学校コント」が分教場をイメージしていたように、後ろ向きの、過去を題材としたコントばかりだった。「会社コント」のいかりやは課長止まり、「商店街コント」は下町のおんぼろ商店街、「かあちゃんコント」では子どもたちが食べ物を取り合う貧しい暮らしをしている。ときに時事を取り込むようなコントもあったが、その舞台は高度経済成長から取り残された場所ばかりだ。東京湾上のごみ処理場の通称「夢の島」を舞台にした際には、社会問題になっていたネズミの大量発生をネタにした（一九七二年十一月十八日放送）。地下鉄の駅をつくるために立ち退きを迫られ、工事がはじまると地盤沈下で家が傾く（一九七三年十月二十日放送）、せっかく買った夢のマイホームが危険な崖の下にあった（一九七四年十一月十六日放送）、これらのコントは、背景に庶民の厳しい住宅事情がある。

日本の高度経済成長期は、一九五五年から一九七三年まで二十年近く続いた。その前期に登場したクレイジーが光の部分を象徴したとすれば、後期に登場したドリフは影の部分を背負っていた。急速に豊かになる都会に憧れ、成功を夢見て上京し、その思いを果たせずに挫折した者は現実にも大勢いる。また、都会に生まれた者であっても、誰もが成長の果実を手にしたわけではない。ドリフはそんな彼らの分身だったのである。

『8時だョ！出発進行』

『全員集合』が五〇％超の視聴率を叩き出す二日前、新聞紙上で三月末での番組打ち切りが報じられた。四月からドリフは日本テレビに移り、日曜夜七時から一時間の新番組を開始するという。超人気番組が局を越えて移籍する事態は前代未聞だった。記事のなかでは、ＴＢＳの居作と日本テレビの白井がそれぞれコメントしている（『読売新聞』一九七一年一月二十一日）。

居作「一口でいえば契約切れです。…（中略）…打ち切りについて営業サイドから強い反対はありましたが、納得の上でドリフを断念したわけです」

白井「ウチとドリフの関係は、まだ彼らの無名時代からの長い付き合いです。昨年十月の〝ドパンチ学園！〟打ち切りの時はＴＢＳにとられた形となっていますが、こちらとしては古巣に迎える心境です」

水面下での交渉は前年の十一月にはじまっていた。居作は渡辺プロ社長の渡辺晋に呼び出され、『全員集合』の半年間休止を告げられた。しかも、代わりに同枠でクレイジーの番組をやりたいというのだ。

一九七〇年のクレイジーは、黄金の六〇年代が終わり、グループ活動を大幅に縮小していた。『シャボン玉ホリデー』はまだ続いているものの、ドラマやバラエティへの単独出演が増えている。だが、渡辺には、もう一度グループとしてのクレイジーを復活させたいとの思いがあったのだろう。『全員集合』の成功を見て、同年十月からＮＥＴテレビ（現・テレビ朝日）で、クレイジーにとって初の公開収録番組をスタートさせた。木曜夜八時から一時間の『ハイ！やりました』は、ドリフと同じ路線を狙ったが、視聴率が振るわず、半年の予定をわずか十週で打ち切られた。クレイジーの人気はあきらかに陰りを見せており、年末公開の東宝クレイジー映画は、実質的に植木と加藤のダブル主演になる。いつのまにかクレイジーはドリフの後塵を拝していた。それでも、あきらめきれない渡辺は、『全員集合』を休ませてまで、クレイジーに再挑戦させようとしたのである。

くわえて、渡辺プロは日本テレビとの間で密約を交わしていた。渡辺プロの社員の証言によれば、ドリフが『ドパンチ!!学園』を降板する際、翌年四月から半年間の出演を約束していたという（『週刊平凡』一九七一年二月四日号）。白井のコメントにもあるように、ドリフには日本テレビに育ててもらった恩義がある。今回の移籍騒動は、テレビ局とプロダクションの様々な思惑が重なった結果として起きていた。

当然のごとく、ＴＢＳは大騒ぎだった。テレビ局の編成にまで介入する渡辺の要求は越権行為ではないかとの声が上がり、局内からは、渡辺プロのタレントをすべて排除すべきとの強硬論まで飛び出す。もしＴＢＳと渡辺プロが決裂していれば、ドリフの歴史も変わっていただろう。実際、一九七三年に渡辺プロは日本テレビと同様の事態を引き起こし、両者は「全面戦争」に突入している（阿久悠『夢を食った男たち』）。だが、このときはＴＢＳ側が『全員集合』を半年後に再開させるとの約束を信じて、渡辺の要求を呑んだ。

日本テレビの新番組は『日曜日だョ・ドリフターズ!!』に決まり、番組冒頭でのいかりやと観客の掛け合いも次のように代わった。「今日は何曜日」「日曜日」「じゃあ今何時」「七時」「行こうか」「行こう」。八時から巨人戦の中継が放送される場合は、エンディングでいかりやが試合の途中経過を伝えた。ほかにも加藤による絵描き歌のコーナーなど、いくらかの新要素があったものの、基本的には『全員集合』と同じだった。

一方、ＴＢＳの新番組は、クレイジーの新しい出発という意味を込めて、『8時だョ！出発進行』に決まった。全体の構成は『全員集合』と何ら変わらず、ハナ肇による「八時だョ」の掛け声から番組がスタートした。スタッフも『全員集合』のチームがそのまま移行しており、いわば居抜き番組である。

『出発進行』はＶＴＲの一部が発掘され、二〇一〇年に発売された『植木等スーダラＢＯＸ』に収録された。それを見ると、クレイジーに似合わない下ネタもあり、どこか無理をしている印象を受ける。メンバーは何を思っていたのだろうか。それから四十年後、クレイジーのメンバーである犬塚弘《いぬづかひろし》が次のように回想している。

〈クレイジーはバンドですから、生のライブというのは問題ありません。しかしドリフがやっているような公開番組はどうなんだろう？　と一瞬思いました。でも与えられた場があれば、一生懸命、やり抜くのが、ハナのモットーであり、ぼくらも同じ気持ちでした。

土曜日夜八時、ＴＢＳで「8時だョ！　出発進行」が始まりましたが、今では「その番組に出た」という記憶しかありません。ハナが録画していた映像を観ると、ドリフと同じことをクレイジーがやっているんです。

クレイジーらしさというものがありません。時代は確実に変わっていました。〉（『最後のクレイジー　犬塚弘』）

クレイジーはドリフと同じく週三日を費やし、たっぷりと稽古をして本番に臨んだ。四月三日の第一回にはドリフがゲスト出演し、その甲斐あってか、視聴率も三〇％を超えた。視聴率に関して、居作は最低でも一五％を確保したいと語っており、半年間の平均視聴率は、何とかそのラインに達している。『全員集合』には及ばなかったものの、及第点だった。何よりも、ベテランのハナ肇や植木等が番組のために汗まみれになる姿に、居作は頭が下がる思いだった。

だが、ドリフと同じフォーマットの番組であるがゆえに、両者が比較され、クレイジーは古臭いとの印象を視聴者に与えたことは否めない。結果的に、渡辺晋の戦略は、グループとしてのクレイジーの寿命を縮めてしまったのではないか。翌一九七二年、その年の正月映画を最後に、三十作続いた東宝のクレイジー映画が終了し、『シャボン玉ホリデー』でもクレイジー全員の出演がなくなった。高度経済成長とともに、クレイジーの時代は静かに幕を下ろしたのである。

いかりや長介独裁体制

『日曜日だョ・ドリフターズ!!』は平均して二〇%以上の視聴率を記録したが、五〇%超えをした『全員集合』には到底及ばなかった。その結果を見て、日本テレビの幹部が「こんなに金のかかる番組、ＴＢＳへ返してしまえ」と発言したという（『8時だョ!全員集合の作り方』）。日本テレビの舞台美術は、潜水艦ひとつに四百万円かけるなど、潤沢な予算を使って制作されており、視聴率が高ければ不問に付されたのだろうが、いかんせん期待が高すぎた。以後、ドリフが日本テレビの番組にレギュラー出演することはなかった。

一九七一年十月二日、約束通り『全員集合』が再開した。視聴者離れが心配されたものの、視聴率は三〇%を超え、その後も高水準を保っている。ひとまずドリフと『全員集合』は危機を乗り越えたのだ。なお、それまでドリフの新曲を使っていたオープニング曲は、再開後から「エンヤーコラヤ」でお馴染みの『北海盆唄』の替え歌に固定された。

だが、すべてが元通りというわけにはいかなかった。一連の騒動に対して、いかりやが強い不信感を抱いていた。ドリフにとっての一大事が、テレビ局とプロダクションの力関係だけで決められていく。自分たちは蚊帳の外に置かれ、何ら発言権を持たなかった。今回は危機を免れることができたが、それは結果論に過ぎず、もし視聴率が悪ければ、番組は容赦なく打ち切られる。ドリフの将来を真剣に考えてくれるのは誰なのか。

このとき、いかりやはリーダーとして覚醒したのだろう。ドリフは自分が守るしかない。はるか昔、戦争中に父が碇矢家を守ってくれたように、ドリフのなかではいかりやが家長なのだ。リーダーにはメンバーの生活を守る責任がある。いかりやはドリフにとって損か得かだけを考え、いざとなればテレビ局や渡辺プロともケンカする覚悟を決めた。そうしなければ、ドリフは潰されてしまうからだ。

この移籍騒動は、のちにドリフが独立する遠因になったと言われている。たしかに、渡辺プロの処置は、ドリフよりもクレイジーを優先したように見える。関係者の証言が少ないため、ここからは私の推測であるが、渡辺プロのなかでドリフは傍流に位置していたのではないか。渡辺プロに関する著書は多数あり、それらを読んで感じるのは、ドリフについての叙述が希薄なことだ。その歴史は、戦後日本に新しい音楽ビジネスを確立する物語であり、主要登場人物は、ザ・ピーナッツやクレイジー、ザ・タイガース、キャンディーズらだ。関連書のなかでのドリフの扱いは、人気のある所属タレント以上でも以下でもない。いかりやも自伝のなかで、ドリフのマネージャーを務めた井澤健《いざわけん》について、「本来、音楽の事務所だったナベプロで、笑いをやらされること自体、本意ではなかったろうに」と書いている（『だめだこりゃ』）。ドリフが力をつけたとき、独立を決断するのは自然な流れだったのだろう。一九七七年、いかりやはドリフターズ事務所を設立、一九七九年には井澤がイザワオフィスを設立してドリフのマネジメントを担当する。

一方、騒動の波紋は、『全員集合』の現場にも及んでいた。TBSにすれば、自分たちも渡辺プロの問題に巻き込まれた被害者という認識だが、いかりやにはテレビ局が助けてくれなかったと映る。いかりやは居作に直接怒りをぶつけ、スタッフへの不満を口にするようになった。『全員集合』の放送作家を十六年間務めた田村隆《たむらたかし》によれば、騒動を境にして現場の雰囲気が明らかに変わったという。いかりやから乱暴な言葉が飛び、リハーサルの合間になされていた競馬や麻雀の雑談が消え、重苦しい空気が流れた。ドリフとスタッフのいる前で、居作が冗談半分に「ドリフが偉くなっちゃってサ」と言っても、スタッフは誰も笑わなかった（田村隆『昭和バラエティ番組の時代』）。

コントのつくり方も変わり、再開後から作家の用意した台本を使わなくなった。田村は次のように証言している。

〈長さんはもともと大変なアイデアを持ったギャグマンだったわけですが、この時に俺の笑いのセンスでいいんだっていう決定的な自信を持ったと思う。この再開時からドリフというか長さんが変わって、番組のイニシアティブを完全に握るようになった。これは居作さんも言ってました。だから自分のアイデアよりも面白いものじゃなければ受け入れないという感じになったんじゃないかなあ。〉（『笑芸人』VOL．1）

　いかりや独裁体制の確立である。だが、いかりやにも言い分があった。彼に言わせれば、演者と裏方ではそもそもの危機感が違う。作家や演出の言う通りにしてウケなければ、人気を失うのはタレントの方だ。番組が打ち切りになれば、食いっぱぐれるかもしれない。テレビ局の社員は一つの番組が終わっても次があるが、タレントには次の保証がない。『全員集合』の三代目プロデューサーだった高橋利明《たかはしとしあき》は、いかりやから「そんなことやったらドリフは殺されちゃうよ」と何度か言われた（『コメ旬』Vol．3）。傍からは絶好調に見えようとも、いかりやはドリフが消えるかもしれない恐怖を常に感じていたのだ。

　すべてはドリフを守るためだった。いかりやの厳しい目は外部に対してだけでなく、ドリフ内部にも向けられた。居作によれば、この時期、いかりやはギャグづくりをめぐって、加藤と何度も衝突した。「加藤茶だけには、本人のやりやすいように任せていたそれまでのやり方をかえ、メンバー全員の動きのひとつひとつからセリフに至るまで、自分が納得するまで考え抜いた形にはめこむ作り方に変わっていった」（『これがドリフターズだ』）。いかりやはドリフを守るためなら、メンバーにも強権を発動する。いかりやはリーダーの責任を果たすために、舞台の外においても、嫌われ役を引き受けたのだ。

だが、いかりやの強引なまでの手法に、ついに加藤がドリフ脱退をほのめかした。『全員集合』は内部に火種を抱えながら、国民的番組への道を歩んでいく。

第四章　高木ブーと仲本工事の「居場所」

あさま山荘事件

テレビ画面はただ只管《ひたすら》、何も起こらない雪中の山荘を映し出していた。その日、萩本欽一は稽古場にいた。山荘の窓に影が映っただけで、そこにいる全員がテレビの前に集まり、釘付けになっている。萩本はその光景を前にして、「稽古しても無駄だよ」と言われている気がした。人々はテレビの何に惹きつけられるのか。萩本は何も起こらないテレビを見ながら、事件の行く末とは別なことを考えていた。

一九七二年二月十九日、連合赤軍のメンバー五人が長野県軽井沢にあるあさま山荘に押し入り、管理人の妻を人質にして立て籠もった。警察が山荘を包囲し、十日間に及ぶ攻防戦の末、二十八日午前十時から人質救出作戦がはじまった。テレビ各局が生中継するなか、巨大な鉄球が建物を破壊し、機動隊が強行突入を図る。複数人の犠牲者を出し、現場は一時膠着《こうちゃく》状態に陥ったが、午後六時すぎに人質は無事に救出され、犯人全員が逮捕された。

それはテレビ史に残る事件となった。強行突入の日、ＮＨＫは十時間四十分にわたって生中継を行い、民放各局もＣＭをカットして放送している。視聴者の平均視聴時間は六時間に達し、全テレビ局の視聴率合計は最高八九・七％を記録した。日本中が白昼の銃撃戦を目撃し、静まり返った山荘を固唾《かたず》をのんで見守っていたのである。

あさま山荘事件をきっかけにして、萩本はテレビの本質がドキュメンタリーにあると考えるようになった。次に何が起こるか分からないとき、テレビは最も人を惹きつける。彼はテレビに対する意識が変わり、その後テレビ独自の方法論を追求していく。そうして発見された「テレビ芸」は、のちにドリフを脅かすことになる。

だが、実はドリフのなかにも、萩本と同じことを感じているメンバーがいた。

日本中があさま山荘一色だった十日間、ドリフは偶然にも休暇の真っ只中にいた。二月二十日から二十九日まで、その間の『全員集合』は事前に収録し、グループ結成以来初ともいえる長期休暇を取った。彼らは思いっきり羽を伸ばし、いかりやはタイの山岳民族に会うためにバンコクへ、荒井はグアムへ釣り旅行、高木は鼻の手術のため入院、加藤はデートや芝居見物を楽しんでいた。

そんななか、あさま山荘事件に強い関心を抱いたのが仲本である。彼はどうしても事件を自分の目で見たくなり、二十三日にわざわざ軽井沢まで出かけていった。途中で何度も検問に引っかかったが、警察も仲本の顔を知っていたため警戒されず、山荘が見える場所まで近づくことができた。そして、長期休暇がまもなく終わる二十八日、仲本は朝からテレビの前を動かなかった。

〈その日の映画や芝居のスケジュールはとりやめにして、朝から夕方6時すぎの大詰めまでテレビにかじりついていましたよ。すべて終ってからの感想といえば、ああいうものでないと長い間テレビの前に人をひきつけておくのはむずかしいナ、ということでした〉

（『週刊明星』一九七二年三月十九日号）

仲本もまた、延々と同じ画面が続く生中継を見ながら、テレビメディアの特質を感じ取っていたのだろう。だが、だからといって、ドリフの番組づくりが変わることはなかった。ドリフはあくまでも舞台を基本としながら、稽古を重ねてギャグをつくり込んでいく。

ドリフは一つの番組のために丸三日間を費やした。『全員集合』のネタづくりは毎週木曜日午後三時からはじまる。ドリフのメンバーはその日を「魔の木曜日」と呼んだ。ＴＢＳのリハーサル室には彼らのほかにプロデューサーやディレクター、美術スタッフ、作家らが集まり、翌週のネタを決めるための企画会議が行われた。はじめに担当のディレクターと作家が、事前に打ち合わせたコントをホワイトボードに書いて説明する。だが、いかりやが一言「ダメだ」と言えば、一から考え直さなければならない。いかりやが寝転んで目をつむり、長考に入ると、他のメンバーは待つしかなかった。部屋のなかはいつもタバコの煙が立ち込め、仲本は吸えなかったタバコを吸うようになった。木曜日にコントの設定を決めなければセットの制作が間に合わないため、翌日には持ち越せない。会議が深夜零時を過ぎることなどざらにあった。

　金曜日は翌日の本番に向けた立ち稽古が行われる。前週の木曜日に決めた内容をもとにした台本とセットの絵図面を見ながら、ギャグを確認し、どんどん修正していく。稽古はまたしても夜中まで続いた。

　土曜日は朝十時に会場入りし、メンバーは完成したセットと初めて対面する。様々な仕掛けや衣装、小道具をチェックし、問題があれば手直しの指示が飛んだ。それからは何度も稽古が繰り返される。実際のセットで動くうちに、新しいアイデアが次々わいてきた。ドリフにアドリブがないのは本番だけで、稽古中はアドリブがガンガン出る。そこでウケたものを正式な台本として採用するのだ。少しでも面白くするための試行錯誤は、客入れ直前まで行われた。

本番当日に思いついたギャグのために、新たな仕掛けや小道具が必要となることもあった。蛇がほしい、便器がほしい、大量のピンポン玉がほしい。美術スタッフはそんな無茶な要求にも応えなければならない。美術制作を担当した西川光三《にしかわみつぞう》が次のように証言する。

〈現場に着いてから長さんが何を言うかわからないので、土曜は朝からおなかの調子が悪かった。会場までの途中駅のトイレの場所を調べておきました。思いつきで何を買いに走らされるかわからないから、ポケットには常に10万円を。仏壇が欲しいと言われて仏具屋に走ったときは、高いから諦めてパネルでそれふうのものを作りました。〉（『週刊朝日』二〇二〇年十二月四日号）

本番が終わるまでは、メンバー、スタッフともに誰も気が抜けなかった。ようやく本番が終わっても、一週間後はすぐにやってくる。『全員集合』に関わった者たちは、そんな生活を十六年間続けた。

ちょっとだけよ

再開後の『全員集合』は三〇％台の視聴率をキープし、ときに四〇％を超えた。名物コーナーである「少年少女合唱隊」がスタートし、何よりも加藤が絶好調だった。繰り出すギャグは次々と流行し、一九七二年には「どうもスンズレイしました」や「ちょっとだけよ」が初登場する。「少年少女合唱隊」や「ちょっとだけよ」は、国際劇場などの舞台で初披露し、のちに『全員集合』にも取り入れたネタだ。

　タンタカタンタン、タンタンタンタン――ピアノのイントロが流れると、舞台が暗転してピンクの照明に変わる。トランペットのメロディに乗って加藤がストリッパーのように足を上げ、身体をくねらせながら、「ちょっとだけよ」「あんたも好きねえ」と客席に声をかけた。曲はラテン音楽のスタンダードナンバーである『タブー』だ。高校野球の行進曲や手術室内の患者の心臓音が、いつのまにか『タブー』に変わる。場面設定との間にギャップがあるほど、笑いも大きくなった。

『全員集合』のバックバンドは、日本を代表するビッグバンドの「ゲイスターズ」が務めており、リーダーの岡本章生《おかもとあきお》がトランペットで『タブー』を吹いた。そのねちっこい音色に、いかりやは「いいねえ、汚らしくて。もっと泥臭く！」と上機嫌だったという（『朝日新聞』二〇二〇年六月五日）。子どもたちの間で大流行し、学校でもこぞって加藤の真似をしたために、教育現場からは抗議の声があがった。だが、今見ると、当時の加藤自身が子どもっぽいキャラクターのため、いやらしさは感じない。子どもたちには、ストリップ劇場という文脈ではなく、音楽やフレーズの面白さでウケたのだろう。

「ちょっとだけよ」効果もあってか、一九七二年末から視聴率が常時四〇％前後を推移するようになった。そして一九七三年四月七日、視聴率は五〇・五％に達し、『全員集合』が再度五〇％を突破した。休止前の記録を超え、十六年間の歴史における最高視聴率である。ちなみに、その日は現役の世界チャンピオンだった輪《わ》島《じま》功一《こういち》がゲスト出演し、キャンディーズがレギュラーアシスタントとして初参加していた。

その一方で、同時期に不穏な噂が流れていた。加藤や仲本が独立し、ドリフが解散するというのである。雑誌やスポーツ紙にも報じられ、渡辺プロは火消しに追われた。いかりやも次のようにコメントしている。「工事も加藤も、そんなバカじゃないですよ。みんなとこうやっているから彼らの持味が生きてるんで、それをいちばんよく知っているのは彼ら自身ですからね」（『週刊明星』一九七三年四月十五日号）。

ドリフ解散説に関する報道は以前にもあり、日本テレビへの移籍騒動のときも加藤の独立がささやかれていた。これ以降も解散の危機は定期的に報じられていく。後年、いかりやが過去に喧嘩や造反があったと語っており、すべてが根も葉もない噂というわけではないる。

〈彼らは普段は仲がよさそうにしていても、じつは一触即発の関係にあった。そんな調子だから、私の家はドリフの身の上相談室になってしまった。加藤が、高木が、荒井が、次々に訪ねてきては、それぞれがいかりやとの意見の不一致をあげ、いかりやの無謀さを嘆き、もう一緒に仕事をしていけないと訴えた。当時、私の住むマンションの隣の部屋には、いかりや一家が住んでいたというのに。〉

（『マイケル・ジャクソン来日秘話』）

ドリフの不仲説は、志村けん加入以降も根強くあるが、一方で彼らは草野球チームをつくったり、一緒にクレー射撃の資格を取得したりしている。仕事であれだけ長く濃密な時間を過ごしていながら、プライベートの趣味まで共有していたとは驚きである。高木によれば、いかりやがまず興味をもち、メンバーを強引に誘うのだという。仕事も遊びも一緒というのがドリフのスタイルだった。結果的に、ドリフは不思議な関係性を保ちながら、事実として今日まで解散せずにいる。

だが、一人だけ例外がいた。荒井注である。『全員集合』が最高視聴率を記録してから半年後の秋、荒井はいかりやにドリフ脱退を申し出た。荒井はそのとき四十五歳、ドリフに加入してから十年目を迎えていた。

荒井注脱退

理由は体力の限界である。体を張ったギャグが要求される『全員集合』では、メンバーのケガが絶えなかった。荒井は右の手のひらに七針、眉のなかに四針の縫い跡があり、満身創痍《そうい》だった。くわえて、三年前から肉体的な疲れがひどくなった。夜中に必ず寝汗をかくようになり、微熱が引かない状態がいつまでも続いた。心配になって医者に診てもらうと、病気ではないが、慢性的な疲労が原因だと言われる。十歳以上も年下の加藤や仲本と一緒になって、舞台の上を走りまわるのがつらくなっていた。リアクションのテンポが遅れることへの不安もあった。もうドリフの激しい動きにはついていけない。そう覚《さと》った荒井は、強い決意をもって脱退を宣言した（『週刊平凡』一九七四年三月二十八日号）。

それに対していかりやは、荒井と話し合いの場を何度も持ち、必死で説得を試みた。メンバーが一人抜ければ、今まで築きあげてきた関係性の笑いが崩れてしまう。また、このことが蟻の一穴になって、加藤や仲本が次に続くかもしれない。実際、荒井と一緒に脱退するつもりだったと、のちに加藤が証言している。荒井の脱退がドリフ崩壊につながる可能性は充分にあった。

だが、どれほど引きとめても、彼の決意は変わらなかった。いかりやには、荒井の考えが理解できなかった。素人が歌うオーディション番組の伴奏をしていたドリフが、番組のメインを張るようになり、クレイジーを凌ぐグループにまで育った。ドリフは今ようやく花が咲き、実を結ぼうとしている。メンバーの収入もこれから上がるだろう。そんな一番良い時期になぜ辞めるのか。金にも人気にも未練を残さない彼の人生哲学とは何なのか。

荒井はコメディアンとしては異色の文学青年だった。本名荒井安雄は、一九二八年七月三十日に東京の四谷で生まれている。いわゆる江戸っ子なのだろうが、幼少期については資料が乏しく、よく分からない。高校を卒業して立教大学に入学するも中退し、数年後に二松学舎《にしょうがくしゃ》大学文学部国文学科に入り直して、中学と高校の国語の教員免許を得ている。もとは脚本家志望で、部屋の本棚には文学作品が並び、『全員集合』の稽古場でも太宰治や三島由紀夫を読んでいた。

バンド活動をはじめるきっかけは、学費を稼ぐためのアルバイトだった。最初はハワイアンバンドでスチールギターを弾き、途中からピアニストに転向した。ピアノの腕前には諸説あるが、指が短くて一オクターブが届かなかったとの証言もあり、けっして上手くはなかったようだ。ドリフ加入前はクレイジー・ウエストに所属し、ジャズ喫茶の余興に童謡を歌ってウケていた。そして一九六四年にいかりやと出会い、ドリフに勧誘される。

いかりやは、荒井がドリフの笑いのパターンをつくったと記している。殴られたときのリアクションが上手く、「逆ギレ」ともいえる反抗的な態度が笑いを生んだ。どれほどいじめても可哀想に見えないという点で、加藤とは正反対に位置するキャラクターだった。雑誌には加藤に次ぐ人気者と書かれたこともあり、どちらかと言えば玄人受けするコメディアンだった。ちなみに、「なんだ、バカヤロー」はリハーサル中にNGを出し、カメラに向かって思わず出た言葉である（『週刊文春』一九九九年四月二十二日号）。

荒井はドリフ時代を次のように振り返っている。

〈楽しいことは楽しかったよね。最初は自分でも気づかなかったんだけど、人を笑わせることが好きだったんだろうね。でも、忙しいのはごめんだったね。だから、その反動からわずかな時間をみつけては、夜中でも車を飛ばしてよく釣りに行ってたんだ。気を紛らすためと、少しでも都会の喧騒から離れたかったというのが本音だね。それと人間関係かな。どんな仕事をするんでも人間との付き合いは必要なんだろうけど、随分と難しいところにいたような気がするよ〉（黒井克行『男の引き際』）

脱退は体力の限界だけでなく、生き方の問題でもあった。人生には仕事よりも大切なことがある。私生活を犠牲にしながらドリフに賭けるいかりやとは、相容れない考えだった。晩年は伊豆に引っ越し、釣りをしながら仕事があるときだけ上京する生活を送り、荒井は自分の生き方を全うした。荒井の目指している人生は自分とは違うのだと、いかりやが理解したのはずっと後になってからだ。

　荒井はドリフをすぐにでも辞めるつもりでいたが、協議の末、脱退の日は半年後の一九七四年三月末に決まった。それまでに荒井に代わるメンバーを育てなければならない。いかりやは当初、自分と仲の良かった豊岡豊《とよおかゆたか》を候補に考えていた。豊岡は「スイング・フェイス」を率いるバンドマスターで、いかりやより一歳年上の四十三歳だった。高木もその話を聞かされており、豊岡について次のように語っている。

〈ドリフは営業の仕事もいっぱいしてたんだけど、5人じゃできないんですよ。いつも後ろにフルバンドがつくんです。それが、「豊岡豊とスイング・フェイス」ってバンド。お笑いが好きな人で、ジョーク豊岡とか言ってましたね。〉（『文春オンライン』）

　いかりやは、新メンバーには笑いだけでなく、音楽の才能も必要だと考えていたのだろう。高木によれば、『全員集合』で忙しくなってからも、ドリフはジャズ喫茶の仕事を続けていたという。ドリフはあくまでもコミック・バンドなのだ。そうである以上、新メンバーにバンドマンが選ばれるのは自然なことだった。

だが、加藤が強く反対した。メンバーを変えるからには、むしろグループの若返りを図るべきではないか。加藤はいかりやに対して、自分よりも年下を入れてほしいと直訴する。

加藤が推薦したのは、まだ二十三歳の志村けんだった。

マックボンボン

志村はすでに一度、お笑いコンビとしてデビューしていた。ドリフのボーヤに復帰してから一年半後、志村はボーヤの先輩で五歳年上の井山淳とコンビを組み、活動をはじめた。最初のコンビ名は「チャーミングコンビ」だったが、すぐに「マックボンボン」に改名している。このとき志村は、父憲司の名前にちなんで、芸名を「志村健」にした。父は交通事故から約十年が経ち、後遺症のために家族の顔が分からなくなっていた。その芸名には、父に見てもらいたいとの思いが込められていたのだろうか。

初舞台はドリフの地方営業の前座、場所は体育館だった。竹刀をもって走りまわるドタバタコントをやろうとしたが、広い体育館のなか、中央にセンターマイクが一本しかない。

大声を張り上げていると、すぐに喉がカラカラになり、二分も経つと声がかすれて出なくなった。後方の客には何をしているか分からず、客席は静まり返り、苦い初舞台となった。コントの台本はすべて志村が書いていた。そのスタイルは、弟子入りするか迷ったコント55号の影響を強く受けている。舞台上を激しく動きまわり、志村の走り方は萩本欽一に似ていたという。また、コント55号を過激化したようなツッコミに特徴があり、志村は立ったまま足を高く上げ、かかと落としのように井山の顔を蹴っていた。

仕事は主に歌謡ショウの前座である。小柳《こやなぎ》ルミ子《こ》や天地《あまち》真理《まり》、森進一《もりしんいち》、沢田《さわだ》研二《けんじ》、鶴田《つるた》浩二《こうじ》、三《み》波春夫《なみはるお》らのショウで前座を務めた。一九七二年五月には、『小柳ルミ子ショー』で初めて日劇の舞台を踏んだ。志村は日劇が夢の舞台だったと語っており、彼の世代が日劇に憧れをもつコメディアンの最後だろう。

小柳ルミ子はそのときからマックボンボンに注目しており、舞台袖から彼らのコントを夢中になって見ていた。

〈マックボンボンの芸は、壁にバーンとぶつかったり、転んだり、体当たりしたりという、体を張った激しいもの。動きで笑わせる構成で、それが最高に面白いのです。一方で、けんちゃんが相方に「あの間が悪かった」と厳しくダメ出しをしている姿もよく見かけまし

た。〉（『婦人公論』二〇二〇年五月十二日号）

志村は才能の片鱗を見せはじめていた。一方で、同業者はコンビ間の実力差を見抜いていた。小《こ》松政夫《まつまさお》は当時を回想して、「マックボンボンは面白かった。ただ、彼は（相方より）力が勝ちすぎたのかなと感じていました」と語る（『文藝春秋』二〇二〇年五月号）。

マックボンボンは、志村が相方を引っ張るかたちで売れていった。ドリフの現場マネージャーがテレビ局に売り込み、一九七二年十月から日本テレビの新番組『ぎんぎら！ボンボン』（日曜夜六時三十分～七時）にレギュラー出演が決まった。その時間帯は十年以上にわたって『シャボン玉ホリデー』が放送されており、『ぎんぎら！ボンボン』はその後継番組である。内容は作曲家の都倉俊一《とくらしゅんいち》が司会の音楽バラエティで、マックボンボンは毎週コントを披露した。番組名に彼らの名前が入っているのは、期待されていた証しだろう。

だが、いかりやはその話を聞いて激怒している。持ちネタが少ないままでテレビに出れば、あっという間に潰されてしまう。いかりやは演芸ブームのなかで、寄席芸人がテレビ局から使い捨てにされる姿を散々見てきた。ドリフはジャズ喫茶で蓄積したネタのおかげで乗り切れたが、たかだか一年程度の実績しかないコンビでは、テレビに殺されかねない。もっと経験を積んでネタのストックを増やすべきだ。彼の親心からの怒りだった。

現実はいかりやが恐れたとおりの結果になった。マックボンボンは二十分ほどのネタが七、八本あるだけで、テレビではそれを切り売りした。だが、毎週のテレビ出演となると、ネタはすぐに尽きる。志村は何とか新ネタをつくろうとしたが、だんだん相方がついてこれなくなった。『ぎんぎら！ボンボン』は低視聴率のために三ヶ月で打ち切りになり、一九七三年一月から時間帯を変えてリニューアルした『シャボン玉ボンボン』にも引き続き出演するが、三月に彼らのコントコーナーが廃止された。

正確な時期は不明だが、途中で井山が自信を失い、姿を消した。志村は新しい相方を探し、同じくドリフのボーヤだった福田《ふくだ》正夫《まさお》と組んだ。福田は暇があれば新聞の求人欄を眺め、いつまでたってもやる気を見せない。ついにはマックボンボンの継続をあきらめるしかなかった。テレビの世界で挫折した志村は、再出発する覚悟でドリフのボーヤに戻る。

そんななかでの新メンバーへの抜擢だった。志村がその話を聞かされたのは、いかりやと二人で食事しているときだ。「荒井注がやめるから、今度はお前が入ることになる。いいか？」。その後もいかりやが真剣に話し続けるので、志村は目の前のハンバーグステーキに手をつけられなかった（『週刊女性』二〇〇八年十月七日号）。

新人志村けん

いかりやにとって志村は、いずれ独立するボーヤの一人にすぎなかったはずだ。バンドマンには移籍や引き抜きがつきもので、いかりやはそういう世界を生きてきた。彼がボーヤと、芸人の世界に見られるようなウェットな師弟関係を築いていたとは考えにくい。だが、ドリフの一員となれば話は別だ。それから三十年にわたるいかりやと志村の関係は、愛憎入り交じりながら、ときに師弟、ときに親子、ときにライバルとなっていく。

二人の年齢差は十九歳あった。やがて志村がいかりやに反抗することになるのは、実の父との間に経験できなかった反抗期を取り戻すかのようである。

まだマックボンボンとして活動していた一九七三年一月、志村は朝五時に「父危篤」の知らせを受けた。その日は三鷹市公会堂でテレビの収録があり、どうしても抜けられない。何とかもう一日だけもってほしいと祈りながら、志村は仕事場に向かう途中で何度も病院に電話を入れた。だが、公会堂に到着したとき、母から「今、死んだよ」と告げられる。事故の後遺症のために休職してから八年、五十四歳だった。志村はリハーサルを終え、二時間だけ会場を抜け出して帰宅している。だが、遺体とは対面しなかった。兄は、志村がぽつりと呟く一言を聞いている（『女性自身』二〇〇二年九月三日号）。

「死んだ親父を見ると、お笑いの舞台ができない」

志村は再び会場に戻り、本番に臨んだ。父にドリフの「志村けん」として活躍する姿を見せることはできなかった。

同年十月から志村は端役として『全員集合』の舞台に立ち、十二月八日に「見習い」として正式に名前が台本に載った。その日は『猿の惑星』を元ネタにしたコントが行われ、志村は猿のマスクをかぶって登場した。いかりやとすれば、四ヶ月の試用期間中に舞台慣れさせながら、ドリフにおける志村の役割を見極めようとしていたのだろう。

その間、脱退が決まって吹っ切れたのか、荒井が目覚ましい活躍を見せる。残り半年になって荒井のやる気が漲《みなぎ》りはじめたというのは、彼らしいエピソードだ。「なんだ、バカヤロー」「ジス・イズ・ア・ペン」などのギャグが大いにウケ、いかりやは荒井の気が変わるのではないかと期待したほどだった。

世間に対する発表の準備は極秘裏に進められた。渡辺プロの内部でも事前に知る者は少なく、ＴＢＳの担当者も発表の直前に聞かされている。一九七四年三月九日、『全員集合』の後半のコントが終わり、メンバー五人がステージに横一列に並んだ。そして、いかりやがおもむろに口を開いた。

「うちのメンバーのハゲ注が、何とか老骨に鞭打って頑張ってたんですが、ついに刀折れ矢尽きまして、ちょっとお休みをいただきたいということでございます」

　いかりやに促され、コントのカツラを脱いだ荒井が、「ひとつ、休ませていただきたいと思います」と、照れながら挨拶した。続いて、タキシードを着た志村が呼び込まれる。新メンバーとして紹介される志村は、ちらちらといかりやの方を見ながら、緊張で顔がこわばっていた。

「休養」と発表されたものの、事実上の「引退」である。翌週からは六人体制でコントを行い、三月三十日の生放送を最後に荒井が脱退し、志村が新加入した。忙しい日々から解放された荒井は、海外旅行に出かけ、沼津に引っ込んで毎日釣り三昧の日々を送った。それから半年後、荒井はプロデューサーの久世《くぜ》光彦《てるひこ》に請われて、ＴＢＳドラマ『時間ですよ昭和元年』に出演するが、この時点ではたしかに芸能界から引退するつもりだった。

　一方、最年少の加藤ですら三十歳を越えていたドリフは、一気に若返った。だが、その日から志村は、何をやってもウケない日々をひたすら苦しみ抜いた。いつの世も大衆の好みは保守的なもので、観客は新参者を受け入れなかった。荒井の強烈なキャラクターに比べると、その頃の志村は単なる若造にすぎず、定番のギャグもない。舞台上の志村は、自分の登場によって客席がサーッと引くのが手にとるように分かった。だが、もがけばもがくほど、余裕がなくなり、さらに深みへとはまっていった。

のちに荒井は、テレビを通して見た志村を次のように振り返っている。

〈正直言うとね、志村と交代するときオレ心配だったんだよ。ヤツも長い間ドリフの付き人やってたから、自分がどんな役割を演じればいいのかわかってデビューしたんだろうけど、硬かったからねえ、最初は。テレビで見てても〝石〟みたいだったもんな。オレも心配したけど、志村も大変だったと思うよ、当時は。〉（『ザ・テレビジョン』一九八三年九月二十三日号）

志村だけではない。ドリフ全体が苦しんでいた。『全員集合』の視聴率は比較的安定していたものの、荒井の抜けた穴をうめるだけの新しい笑いを生み出せずにいた。

志村がドリフに加入してから一年後、裏番組に強力なライバルが現れる。かつて『全員集合』によって番組打ち切りに追い込まれたコント55号、その萩本欽一がフジテレビの土曜八時に帰ってきた。一九七五年四月、『萩本欽一ショー・欽ちゃんのドンとやってみよう！』（土曜夜七時三十分〜八時五十五分）がスタートする。その番組で萩本は、ドリフと全く異なる方法論で『全員集合』に挑んでいく。

萩本欽一という本流

ナンシー関《せき》は日本のバラエティ番組の歴史において、本流は萩本欽一にあったと評している（『週刊朝日』二〇〇二年五月三十一日号）。たしかに、萩本は一九八〇年代前半に週三本の冠番組をもち、「視聴率一〇〇％男」と呼ばれた。だが、テレビ史に燦然と輝く『全員集合』を十六年も続けたドリフが、なぜ「本流」ではないのか。それは、萩本こそがテレビというメディアの本質を見抜き、テレビ独自の技法を追求した最初のコメディアンだからである。

　日本のテレビ草創期、バラエティ番組はアメリカの模倣からはじまった。日本テレビの井原高忠は一九五九年に渡米し、番組制作のノウハウを日本に持ち帰って数々の番組を立ち上げている。萩本も一度はアメリカ行きを目指すが、井原に「日本で良い番組をつくれば、アメリカから呼びにくるよ」と言われ、日本に留まった。そして、日本のバラエティは萩本の手によって独自の進化を遂げる。しばしば日本の笑いが「ガラパゴス化」していると議論になるが、その歴史をたどると萩本に行き着くのだ。

　萩本自身は一九七〇年代前半に起きたテレビの変化について、次のように語っている。

〈この時代までは、テレビは、テレビじゃあなかった、映画のまね、舞台のまね、だったんですよ。この時代に、みんな気がついたんですよ。テレビが何するかって気づき出した時代、テレビって何ができるってことに挑戦しだした時代でした。だから、いろんな挑戦ができた。テレビの一番面白い時代がスタートする準備期間だったんでしょうね。〉（『連合赤軍〝狼〟たちの時代』）

一九七〇年代からのテレビは、映画や舞台の延長ではない、テレビにしかできない表現を追求していった。その最前線にいたのが萩本である。萩本はあさま山荘事件をきっかけに、「何かが起こる」という期待感が人を惹きつけるのだと気づいた。いわゆる「テレビ＝ドキュメンタリー」説である。萩本は視聴者にとって予測不能な映像をつくるべく、バラエティにドキュメンタリー的手法を取り込んでいった。

そのドキュメンタリー的手法の一つが、今でいう「素人いじり」である。萩本は素人やコメディアンではないタレントをテレビに登場させ、ハプニングを生み出していった。

萩本は、テレビに芸はいらないと語る。視聴者は舞台で見られるような芸を求めておらず、テレビに必要なのは「テレビ芸」である。それが萩本の発見だった。そして、テレビ芸において最も優れているのが素人なのだという結論にいたる。彼は技術的な観点から次のように語った。

〈言葉だけで説明するのはなかなか難しいんだけど、テレビは敏感なのね。くっきり映るし、小さい枠でアップになるから演技が大きく見える。だから舞台で修行した人は芝居がくさくなるの。セリフに関しても波を打つとわざとらしくなる。僕はよく『フリは静かに真っ直ぐと』って言うんだけど、バラエティで波を使うと、客が『これから可笑しいことが起きるぞ』って察知して笑いが逃げちゃう。だからフリは棒読みの方がいい。そうするとテレビで一番優れているのは素人っていうことになるのね〉（『昭和40年男』二〇一四年六月号）

テレビは萩本によって、独自の表現メディアとして自立したのだ。次の言葉には、彼の自負が込められていると思う。

「プロを出せという人こそテレビの素人だ」

評論家の大見《おおみ》崇晴《たかはる》は『「テレビリアリティ」の時代』において、萩本が生み出したドキュメントバラエティは一九八〇年代以降、ビートたけしがさらに推し進めたと論じている。また、次世代の松本人志《まつもとひとし》は、彼らの敷いた路線との差別化を図りながら、新たな手法を模索していく。『「テレビリアリティ」の時代』は、バラエティ番組の変容を論じながら、日本のテレビ史に萩本を正しく位置づけようとした名著で、本書も多くの論点を負っている。一方で、その著書のなかにもドリフの記述は少ない。テレビ文化論の視点からみると、舞台を基本にしたドリフは、テレビというメディアの先端にはいなかったのである。

『欽ちゃんのドンとやってみよう！』（以下『欽ドン』）は、萩本が自らテレビ局に持ち込んだ企画で、はじめて彼の名を冠した番組だった。内容はラジオの投稿コーナーのテレビ版である。萩本が視聴者からの投稿ハガキを読み、「ばかウケ」「ややウケ」「ドッチラケ」にランク付けした。また、萩本が街を歩き、出会った人にタイトルコールを言わせたり、目の前でハガキを読んだりして、そのリアクションを撮影した。テレビは彼らの失敗も含めて放送する。それはまさに台本のないドキュメンタリーであり、この番組で萩本のテレビ芸が全面的に開花していった。

『欽ドン』の初回視聴率は、一七・四％だった。萩本は『全員集合』には敵わないだろうと思っていたが、予想外の高視聴率である。このとき、彼の目標は『全員集合』に勝つことへと変わった。

一九七五年夏の合宿

メンバー交代から丸一年を迎えてなお、ドリフは低迷状態が続いていた。一九七五年一月から三月の『全員集合』は、平均視聴率が三七％という高水準を保っていたが、志村はいまだ存在感を発揮できず、新しいギャグも生まれてこない。仲本はドリフに加入したばかりの志村を次のように回想している。

〈それまでのドリフの昭和の音楽と、志村が好んでいた音楽とではテンポが違うんですよね。志村のほうがアップテンポで他のメンバーが昭和のリズムだから、ちょっと合わなくて1年くらいは志村が苦労したと思う。どうしても志村だけ浮いちゃうんだよね。〉（『NEWSポストセブン』二〇二一年四月二十四日配信）

四月に『欽ドン』がはじまると、『全員集合』の視聴率は急降下し、二〇％台にまで低下した。以後、萩本が開拓したテレビ芸が、ドリフをじわじわと追い詰めていく。

いつまで経っても浮上する糸口がつかめないなか、いかりやは居作に三ヶ月間の活動停止を申し入れた。『全員集合』がスタートしてから五年半、ドリフは目の前の仕事に追われるばかりで、じっくり勉強する時間をもてなかった。今一度グループとしての原点に立ち返るべきではないか。いかりやがリーダーとして判断した。

だが、それは一つの賭けでもある。ドリフのいない間に、『欽ドン』が『全員集合』の視聴者を奪う可能性は充分にあった。テレビ局は反対の姿勢を示したが、いかりやの意志は固かった。こうして一九七五年七月五日から九月十三日まで、『全員集合』は生放送を休止し、過去の傑作選が放送されることになった。

世間的には「夏休み」と発表したが、メンバーにとっては休暇ではない。しばらく休養して肉体的な疲れを取った後、彼らは山中湖で五日間の合宿を三回実施している。『全員集合』がはじまる以前にも、稽古のために山中湖で合宿したことがあり、まさに原点回帰だった。同時代の萩本が向かうアドリブ・ハプニング路線とは正反対に、ドリフは愚直なまでに必死で稽古し、芸を磨こうとした。ある意味、それは時代に背を向けた態度だったのかもしれない。だが、その結果、次世代の多くの芸人が萩本のフォロワーになるなか、ドリフはテレビの世界で唯一無二の存在になっていく。

合宿は志村加入後の新体制になって初めての本格的な稽古だった。メンバーは八畳二間にスタッフと一緒に雑魚寝し、毎朝七時に起床、朝食をとってから楽器の猛練習を行った。新しいギャグを生み出すべく、食事をしながらもネタを出しあい、時間があれば山中湖までマラソンをするなど、体力づくりにも励んだ（『週刊明星』一九七五年九月二十八日号）。

いかりやは以前から、ドリフの唯一の財産はチームワークだと語っていた。五人が互いに阿吽《あうん》の呼吸を身体で知っているから、演技が多少雑でも間やリズムでウケる。だが、メンバー交代によって、それが崩れてしまっていた。そこで、いかりやは原点のコミック・バンドに戻ろうとしたのだろう。志村と一緒になって楽器を練習することで、互いの呼吸を知り、リズムを揃えられる。音楽が笑いのベースにあるドリフにとって大切なことだ。

　このとき、志村はリズムギターで参加し、全員でソウルミュージックを練習した。なぜソウルミュージックだったのか、志村は次のように語る。

〈一時ね、僕がソウル好きだ、ソウル、ソウルってワメいてたら、じゃあ、みんなでやってみようかって楽器持ったことありましたよ。うまくできなかったけどね…（中略）…いかりやさん、そういうとこ、じゃあやってみようかっていう気があるし。〉（『ＭＯＲＥ』一九八〇年九月号）

　他のメンバーは自分たちの音楽やリズムを志村に押しつけたわけではない。志村の意見にも耳を傾け、受け入れようとしていた。そして、音楽を通して五人の呼吸を合わせていく。それは、彼らがチームワークを築くために必要な時間だった。

　志村の加入は間違いなく、ドリフのサウンドを変えた。翌年三月、ドリフは約三年ぶりに新曲『ドリフのバイのバイのバイ』を発売している。原曲はアメリカ南北戦争期につくられた『ジョージア行進曲』で、日本では大正時代に『東京節』として流行した。従来通りのカバー路線だが、編曲がそれまでと大きく変わった。加藤がメインボーカルを務めるなか、「ドゥ・ザ・ハッスル」の掛け声が入り、いかりやと志村が「ウワーオ！」「ゲロッパ！」「ダイナマイト！」とシャウトする。「ドゥ・ザ・ハッスル」は前年にリリースされたヴァン・マッコイのディスコミュージック『The Hustle』からの流用であり、シャウトは志村が好んだジェームス・ブラウンの影響だ。志村は黒人音楽への造詣が深く、それ以降ドリフの楽曲に黒人音楽の要素が入り込んでいった。

一方で、楽器を猛練習したにもかかわらず、ドリフはコミック・バンドとして活動できるまでに至らなかった。高木によれば、楽器が苦手な志村にギターをやらせるため、高木がオルガンとピアノを担当するなど試行錯誤をしたが、結局は「形」にならなかった。ドリフは、コミック・バンドであることを事実上、断念した。

おそらく、そのことを複雑な心境で受け止めたのが、仲本と高木だろう。彼らはドリフの一員としてコントをしながらも、バンドマンとしての矜持を持ち続けていた。ここで、バンドマンとしての彼らの生い立ちを見ておきたい。

アレンジャー仲本工事

仲本は「人生というのは、やりたいことができなくなった時が出発点だと思う」と語る（『文春オンライン』）。彼はドリフのなかで目立たない存在であり続けたが、それはいつも全体を見回し、自分の立ち位置を考えていたからだ。やりたいことよりも、今やるべきことを優先する。仲本は生来の生真面目さから、一歩引いてドリフを支えてきた。『全員集合』三代目プロデューサーの高橋利明は、仲本を次のように評している。

〈ドリフの中である意味まともだったのは、仲本工事さんなのかな。だから基準点のようになっていて、仲本さんより右に行ってるのか左に行ってるのか、っていうことでキャラが決まっていた気がします。〉（『コメ旬』Ｖｏｌ．３）

一九四一年七月五日、仲本は東京の日本橋久松《ひさまつ》町で仲本靴店を営む家に生まれた。本名は興喜《こうき》、一人っ子である。両親はともに沖縄出身で、それぞれ単身で東京に上京してきた。父は靴職人になって小さな店を構え、二十歳年下の母と出会い結婚した。興喜がまだ幼い頃、戦争のために一時沖縄に疎開するが、母の夢見が悪くて東京に戻り、その後沖縄は大規模な空襲を受ける。一家はまもなく恵比寿に引っ越し、靴店も港区白金に移転した。

父は休みなく朝から晩まで働いており、興喜には遊んでもらった記憶がない。父は月に一度だけ泡盛を飲み、酔うと蛇皮《じゃび》線《せん》を弾きながら沖縄民謡を歌った。だが、普段は頑固一徹でほとんど口もきかず、興喜は反発しようと思ったことすらない。興喜が中学で野球部に入り、夜遅くまで練習して店番が手伝えなくなると、父はポツリと「最近、帰りが遅くなったな」と言った。その一言で興喜は野球部を辞める。そして、早く帰れるという理由から体操部に入った。何事も決めたことには夢中になる性格で、成績に関しては資料によって異同があるが、渋谷区の大会で優勝し、高校でも一年生の新人戦で総合四位になった。音楽との出会いは、ラジオから流れてくる洋楽だった。洋楽専門の音楽番組『S盤アワー』や『L盤アワー』、在日米軍向けラジオ放送FENを聴き、洋楽への憧れを募らせていった。父はその姿を見て、中学三年の誕生日にギターを買ってくれた。父は自らも蛇皮線を弾くくらいなので、音楽が好きだったのだろう。興喜は自己流でギターを練習し、横浜の本屋でヒット曲の歌詞が載っている輸入雑誌を買い求め、英語の歌を覚えていった。

この頃はまだ、音楽を仕事にするなど思いもしない。高校卒業後、興喜は弁護士かジャーナリストを目指して、学習院大学政経学部法律学科に進学した。大学でも体操を続けるつもりだったが、体操部はなかった。

転機は大学二年のときに訪れる。友人に誘われて新宿のジャズ喫茶に行き、成り行きから飛び入りで歌を披露した。そのとき出演していたバンドが、「永田五郎とクレイジー・ウエスト」であり、ドラムを叩いていたのが加藤英文だった。興喜は永田に気に入られ、アルバイトとしてバンドに参加することになる。最初に出会ったメンバーである加藤を見た第一印象は、「ドラムに一生懸命で、かわいらしい少年」だった（『文春オンライン』）。

　しばらくして興喜は、『遠くへ行きたい』が大ヒットしていたジェリー藤尾《ふじお》のバンド「パップ・コーンズ」のオーディションを受けた。パップ・コーンズは、ジェリー藤尾がジャズ喫茶などに出演するときの営業用のバンドだった。そのときは前座で歌うセカンドシンガーの募集で、仲本は二十人ほどの応募者のなかから選ばれている。そのバンドでバンジョーを弾いていたのが高木智之だった。興喜は午前中に大学の授業に出席し、午後からジャズ喫茶や米軍キャンプを回る、そんな大学生活を送った。

　その後、高木らと一緒にエレキバンド「シャドーズ」を結成するが、大学卒業後は商工会議所に就職してサラリーマンになるつもりだった。だが、先にドリフに加入していた高木の推薦により、いかりやから勧誘を受ける。興喜が父に告げると、会社員か公務員になると信じていた父は激怒した。興喜は父の期待をよく分かっていたが、音楽を続けたいという気持ちには抗えなかった。いかりやが家にまで来て、父を説得してくれた。「俺が辞めるときは一緒に辞める。それまでは責任持つから」。父はようやく折れたが、内心では反対だった。後から振り返れば、ドリフへの加入が、父に対するたった一度の反抗だった。

ドリフの仲本工事になった彼は、あくまでも音楽担当のつもりだった。『ホイホイ』では、ドリフが素人のオーディションの伴奏を担当し、譜面を書ける仲本が伴奏のアレンジを任された。ほかにジャズ喫茶のネタの譜面もある。その頃の仲本は、いつも忙しそうに譜面を書いていた。音楽ギャグは演奏を完璧に仕上げてから崩していくため、完成までに時間がかかる。曲によっては一ヶ月かけるものもあった。ドリフは新ネタで勝負する方針を掲げていたが、それだとテレビの撮影ペースに追いつかない。その結果、次第にコントが主流になり、仲本の役割もコントへと傾いていった。

ドリフで食べていけるようになってからも、仲本は父に背いたことを悔やんでいた。父との和解は、フジテレビ『スター千夜一夜』への出演がきっかけだった。その番組で、メンバーが家族を連れてハワイへ行くことになり、仲本は両親と参加する。そのとき、父が「ハワイに来れたのはいかりやさんのお陰だな」と言った。父が自分の仕事を認めてくれたと、仲本はようやく胸のつかえが取れた気がした（『週刊現代』二〇〇三年二月八日号）。

一九七二年、長らくアメリカの統治下に置かれていた沖縄が、二十七年ぶりに日本に返還された。仲本は返還前の沖縄に両親を連れて行ったことがある。父の実家にも訪れ、父が沖縄に住みたいのではないかと思って土地を探したが、父に帰る気はなかった。

〈親父がガンを患ってね。そしたら、その〔実家の〕お兄さんに親父「お前、迷惑かけるなら早く死ね」なんて言われて。もうびっくりしちゃった（笑）。農家だから長男しか大事にしないんだね。だから親父逃げだしたんだなって、そのときはっきり分かった。〉

（『文春オンライン』）

『全員集合』の本番終了後、仲本は「父危篤」の知らせを受け、急ぎ自宅へ帰った。すでに意識はなかったが、父の手を握ると、少しだけ目を開けた。沖縄が日本に復帰した同年、大日本帝国下の沖縄で生まれた父が、東京で息を引き取った。七十歳だった。

　仲本は音楽の仕事がなくなってからも、五人のなかでポジションを見つけ、自分の役割を全うした。『全員集合』では「体操コント」が人気となり、野球部の代わりに入った体操部の経験が思いがけず役に立った。それでも、バンドマンの心を失ってはいない。私がインタビューしたとき、「ドリフがコント中心になったことについて、音楽担当としてどんな気持ちでしたか」と聞くと、仲本は笑って答えてくれた。

〈自分ではコントやるつもりはなかったからさ、なんでここまでいかりやさんに叱られながら、好きでもないコントの稽古してるんだろうって。今でも思ってるよ、なんで僕コントしてるんだろうって（笑）。〉（『文春オンライン』）

第五の男高木ブー

ドリフのなかで、高木の存在を最も必要としていたのは、いかりやだったと思う。居作は高木について、セリフがはっきりしない上に動きが鈍く、太った体を利用するボケでしか使い道がなかったと手厳しい。だが、いかりやは自著でわざわざこう記している。「よく聞かれることだが、私はブーを辞めさせようなんて一度たりともおもったことはない」。『全員集合』の生放送が終わると、いかりやはよく高木を誘って、ごく普通の居酒屋へ飲みに行った。他のメンバーはパーッと遊びに行くから、いつも二人きりである。そういうときのいかりやは意外に無口で、酔うと時々メンバーの愚痴をこぼした。高木は話を聞くだけで、誰にも言わなかった。年齢差の大きいグループのなか、二人は二歳違い。いかりやにとって高木は、安心して愚痴を言える相手だった。

高木は、いかりやのプライベートに関する、知られざるエピソードを教えてくれた。

〈おっかしいんだよなあ、長さんの2人目の奥さんのデートに誘われたこともあったんだよ。…（中略）…3人で歩いてデート。きれいな彼女で、黒の毛皮のコートなんか着てました。2人っきりになるのが恥ずかしかったのか、あの人、そういうのは不得意だったんだよな。でもだからって、なんで俺が行かなきゃいけないんだって（笑）。あの時はさすがに思ったな。〉（『文春オンライン』）

　一九三三年三月八日、東京の巣鴨で六人兄弟の末っ子として生まれた男の子は、友之《ともの》助《すけ》と名づけられた。父はガスメーターの会社に勤め、十九歳離れた長兄はもう軍人になっていた。兄たちはボーイスカウトで活動したり、家にあるゼンマイ式のポータブル・プレイヤーでジャズを聴いたり、かなりモダンな家庭だったようだ。高木も大きくなったらボーイスカウトに入るつもりだったが、八歳のときに戦争がはじまった。

〈戦争は3年生から6年生まで。空襲のときは、でっかい爆撃機が低空を飛んでくるんだよ。昔の飛行機は装飾するために色を塗ってたけど、銀色のあのまんまだから。バカにされてるって思ったね。そこから、焼夷弾がバサバサ落ちてくる。焼夷弾っていうのは、筒の中にゼリー状の油脂が入ってて、落ちたときにポーンと周りに飛び散って引火するの。あっという間に燃え広がっていく。油だから水かけたって消えないんだよ。巣鴨の家が火事になったときは消そうとしたよ。でも、ドラム缶でもダメ、風呂場の水でもダメ、池の水でもダメ。それで逃げたんだから。悔しかったよ。〉（『文春オンライン』）

終戦は、母の実家がある疎開先の千葉県柏で迎えた。出征していた兄が戦地から戻り、再び家のなかに洋楽が流れる。中学に上がった友之助は、ハワイアンにかぶれていた三番目の兄から影響を受けた。中学三年の誕生日、その兄が友之助にウクレレを買ってくれた。とくに欲しがっていたわけではなく、気まぐれからのプレゼントだったが、それは友之助にとって生涯の出会いとなる。数ヶ月後、夏祭りのための即席ハワイアンバンドに誘われ、簡単なコードを覚えて、ステージに上がった。拙いながらも大勢の客前で演奏する気持ち良さに目覚め、ウクレレの虜《とりこ》になった。友之助の音楽人生のはじまりである。

高校ではウクレレサークルをつくり、大学は中央大学経済学部に進学し、学生バンドの「ルナハワイアン」に参加した。当時は小さなクラブからダンスホールまでにバンドの需要があり、小編成のハワイアンバンドは重宝がられたという。ルナハワイアンもアルバイトとして演奏し、学生にすれば高いギャラをもらっている。友之助はいつしか、バンドで食べていけるような気がしていた。大学卒業後は父のコネで東京ガスへの就職が決まっていたが、友之助が「音楽の道に行きたい」と告げると、父は少し悲しそうな顔をして「お前の夢なんだったらしょうがない」と言ってくれた。

プロになるにあたって、芸名を高木智之とし、自らをリーダーとした「高木智之とハロナ・セレナーダス」を結成した。事務所にも所属し、仕事はマネージャーが取ってきてくれた。演奏場所は米軍キャンプが中心で、横田や厚木など国内だけでなく、海外にも行った。立川飛行場から軍用機に乗り、アメリカ統治下の沖縄や台湾、フィリピンの米軍基地を二、三ヶ月かけて回る。仕事は順調で、基地内でコーラやハンバーガーを初体験し、毎日が楽しくて仕方がなかった。

だが、進駐軍が撤退をはじめると、音楽をめぐる環境も大きく変わる。ハワイアンだけでは苦しくなり、ジャズやロカビリーにも取り組み、高木はギターやバンジョーも弾くようになった。バンドも次々とリニューアルし、ジャズ・コーラスを取り入れた「高木智之とハロナ・リズム・コーラス」や、楽器を持ちながらコーラスをする「ニュー・フレッシュメン」を結成したが、どれも長続きしなかった。そんなときにジェリー藤尾から声をかけられ、「パップ・コーンズ」に参加した。そこで仲本と出会う。パップ・コーンズではコミック的な要素も取り入れ、高木が警官や女学生の仮装をしたこともある。さらにエレキ・ブームがくると、高木は仲本らとエレキバンド「シャドーズ」を結成した。いくつものバンドを渡り歩きながら、プロになって十年近くが経ち、高木は三十一歳になっていた。

シャドーズが横浜のジャズ喫茶に出演したとき、終演後、高木の前にいかりやが現れた。そして、桜井が運転する車の中でドリフへの加入が決まった。あとで自分が選ばれた理由を聞くと、「見てくれだよ」と言われてしまうが、高木は次のように解釈している。次の言葉には、彼のバンドマンとしての自負が込められていると感じた。

〈ドリフに誘われたときはコミックバンドすることになるなって覚悟はしてたけれど、一応はバンドマンとして引っ張られたんだよ。お笑いだけなら、楽器できなくてもいいじゃない。なのに、楽器できる僕みたいな人間を引っ張ってくれたというのは、やっぱりドリフは「バンド」なんだよなって思いますね。〉（『文春オンライン』）

　高木によれば、初期のドリフでは彼が笑いの中心にいることもあったという。当時の雑誌には「女形専門」と書かれており、女装して笑いを取っていたようだ。だが、いかりやが加藤を前面に押し出す方針を固めたため、高木は脇に回る。いかりやの判断を不満に思うことはなかった。高木は「取り柄がない」「何もできない」と言われながら、ドリフにおける「第五の男」という役割を担っていく。

　仲本にしろ高木にしろ、ドリフのメンバーは誰もが自分の役割を知り、チームワークの笑いに徹してきた。彼らがいるからこそ、加藤や志村の笑いが大きくなるのだ。それができたのは彼らがバンドマンであり、笑いもまたアンサンブルとして考えていたからだろう。『全員集合』末期の一九八四年、高木がリハーサル中に足をケガして入院し、四ヶ月間出演できなかったことがある。このとき、すでに五十歳を越えていた高木は、番組の降板も考えていた。だが、いかりやに話すと、「バカなこと言わないでくれよ、ブーたん」と説得された。周りが何と言おうと、いかりやは高木をドリフに必要な存在だと考えていたのだ（『介護ポストセブン』二〇二〇年十二月一日配信）。

『全員集合』での出番は少なかったが、『ドリフ大爆笑』では高木のキャラクターを活かして「雷様」のコントがはじまった。雷様は今なお、高木の代名詞である。それは、いかりやが見つけてくれた高木の居場所だった。

コミック・バンドの終わり

志村が加入してから、ドリフは何度かテレビでバンド・コントを披露している。仲本によれば、あくまで番組のためで、ネタも昔ジャズ喫茶でやったものと同じだった。少年少女合唱隊においても、志村は「才能があるから確かに笑いをとるんだけど、音楽からは離れがちになる」のだという（『コミック・バンド全員集合！』）。仲本も高木も、志村がもつ音楽センスは認めている。だが、二人から見て、志村はミュージシャンではなかった。志村が楽器を練習するに充分な時間を持てるはずもなく、ドリフはコミック・バンドとしての活動をあきらめざるを得なかった。

高木はそのときの心境を次のように記している。

〈僕はずっとバンドで食べてきた人間だ。プロのミュージシャンとしてのプライドも持ち合わせている。適当なものを提供するわけにもいかず、ステージで演奏する機会は減っていった。コミックバンドとしてのドリフターズは、荒井さんの脱退とともに歴史的使命を終えた。このとき、

「まあ、しょうがないんだろうな」

という感じのあきらめの心境もあった。〉（『第5の男』）

約三ヶ月間の「夏休み」を終え、九月二十日から『全員集合』が再開した。だが、夏合宿の成果はすぐには現れず、『欽ドン』が背後からじりじりと迫ってくる。一九七五年十月二十五日、ついに『全員集合』が『欽ドン』に抜かれた。その日の視聴率は、『欽ドン』が二六・三％、『全員集合』が二五・八％、その差わずか〇・五％だった。

萩本はフジテレビの担当者から電話で「勝ちましたよ」と聞かされ、思わず涙をこぼし

た。コント55号の仕事が減り、二人が単独活動をはじめたとき、世間の声は「坂上二郎は芸達者だし、歌もうたえる。でも萩本欽一にはなにもない。萩本はダメだろう」というものだった（萩本欽一『欽ちゃんの愛の世界45』）。萩本はその評価を『欽ドン』によって覆したのだ。同年にゴールデン・アロー賞やギャラクシー賞を受賞し、年が明けてからも『欽ドン』の視聴率は好調を維持する。萩本のテレビ論の正しさが証明されたのであり、一九七六年十月からはじまったテレビ朝日『欽ちゃんのどこまでやるの！』では、ホームドラマとドキュメンタリーを融合させたバラエティ番組を成功させ、日本のテレビバラエティは彼が目指す方向へと進んでいく。

　対する『全員集合』には、テレビ局内やスポンサーからテコ入れや新企画を求める声があがった。なかには、ゲストの歌のコーナーで視聴率が落ちるのだから、歌をやめるべきだとの意見もあった。だが、居作はそれらの全てをはねつけている。他の番組では、歌の前奏や間奏にギャグを入れる演出もあったが、『全員集合』では歌のコーナーを歌手の聖域だと考えていた。それはやはり、ミュージシャンに対するリスペクトなのだろう。また、アドリブやハプニングに頼らない作り込んだコントというスタイルも変える気はなかった。居作は次のように語っている。「スタッフはガンとしてゆずらなかったんですよ。ナンセンスギャグのワク内で、まだまだやり残したものがあるというのに、なんで『欽ドン』の要素を取り入れなければならないんだ、とね」(『朝日新聞』一九七七年二月十四日夕刊)。

　一九七六年三月六日、長らく苦しんでいた『全員集合』にようやく光が射す。その日は新潟県民会館からの生放送で、少年少女合唱隊のコーナーでは、ゲストがそれぞれ故郷の民謡を歌った。その最後に、志村が自信満々に前へ出てきて歌い出す。それが『東村山音頭』だった。『東村山音頭』は、一九六一年に東村山町農業協同組合が中心になって企画した民謡で、志村は少年の頃に盆踊りなどで耳に馴染んでいた。全国的には曲はもちろん、東村山という地名も知られていないなか、志村が堂々と歌う。それがウケた。

『志村けんの全員集合　東村山音頭』(作詞・土屋忠司／作曲・細川潤一／編曲たかしまあきひこ)は大ブームを巻き起こし、同年九月にレコード化もされた。志村のバージョンには「四丁目」「三丁目」「一丁目」があり、「四丁目」は原曲に近いが、「一丁目」は「イッチョメイッチョメ、ウワーオ!」と彼のソウル趣味が全開だった。『東村山音頭』によって、志村はようやく視聴者に受け入れられ、晴れてドリフの一員になれた気がした。

〈あれがはやるまではね、５人でやっててもなんか違和感あったんだけど、『東村山音頭』で楽になってね、リラックスできたものね。急にあれから楽になって、いいたいことといい出したりしてサ。ギャグのアイデアなんかも、自分のだけじゃなく人の分まで出てくるようになったたね。〉(『週刊平凡』一九七六年九月九日号)

メンバー交代から二年が経ち、ついに志村が覚醒した。一時は『欽ドン』に水をあけられた視聴率も盛り返し、四月に入ってから五分の戦いにまで引き戻した。ドリフはコミック・バンドとしての使命を終えた代わりに、二十六歳の志村によって第二の黄金期を迎える。

第五章　主役交代『全員集合』の栄枯盛衰

山田満郎の舞台美術

セットデザイナーの山田満郎は、客席の最後列から舞台の進行を見つめながら、生きた心地がしなかった。彼だけではない。会場にいるスタッフ全員が、張り詰めたような緊張感に包まれていた。その日の前半コントは、舞台下手の崖から車が飛び出し、家の二階に突っ込んでオチになる。車はもちろん本物を使う。リハーサルではジャンプした反動で崖のセットを飾った引き枠が動き、車が家の先端に引っ掛かってしまった。セットを固定するなどの手直しをしたが、あとは本番での一発勝負である。まかり間違えば大事故につながりかねない危険なコントだった。

大掛かりな屋台崩しや奇抜なギミックは、『全員集合』の人気を支えた大きな魅力である。山田はその舞台美術を第一回から手掛け、十六年間に放送された全八百三回のうち七百六十五回が彼の仕事だ。舞台設定は生活感あふれるボロ家や商店街から海底やジャングル、さらには源氏物語、池田屋騒動、クジラの体内など何でもありだった。凝った仕掛けも満載で、四角い小屋がコロコロと転がる、階段が突如として坂道に変わる、柱や階段をはじめ家全体が歌い出す。名物の屋台崩しは巨大な岩が落下して家屋を押しつぶしたり、二階建ての一軒家が一瞬で崩壊したりと、山田の舞台美術はスペクタクルに満ちあふれていた。そのなかでも、車が宙を飛ぶ仕掛けは、派手さと危険度において極めつきだった。

一九四三年に東京で生まれた山田は、幼い頃から父に連れられて日劇や国際劇場のレビューに行き、火山の噴火や城が炎上する舞台を興奮しながら観ていた。その体験が影響したのか、武蔵野美術大学芸能デザイン科に進学し、舞台美術の仕事を目指して勉強した。一九六七年、二十四歳でＴＢＳに入社してデザイン科に配属され、一年後に『進め！ドリフターズ』を担当してドリフとの長い付き合いがはじまる。当時のＴＢＳでは「ドラマ・音楽・ザコ番組」と呼ばれ、「ザコ番組」のバラエティは低く扱われ、美術費も少なかった。だが、田舎臭いドリフには洒落たデザインよりもリアルさを狙った方が良いと考え、山田はなるべくリアルなセットを組んだ。その路線は『全員集合』でも踏襲している。

『全員集合』を担当した山田は、番組がスタートする前の初顔あわせで、メンバーやスタッフに向かって二つのことを宣言した。

「台本は要りません」「ＴＢＳの美術に不可能はない」

山田は完成した台本をもらうのではなく、台本をつくるための会議から参加した。細かなニュアンスをつかみ、デザインに活かすためである。会議後に正式な台本がつくられるが、山田は一度も読まなかった。「不可能はない」と宣言したのは、演者やスタッフが勝手に無理だと判断して、可能性をつぶしたくなかったからだ。頭が縮こまっていては、飛躍した発想が浮かんでこない。たとえ不可能なことであっても、山田は「できません」と言わずに、どうすれば近づけるかを提案した。

山田の存在がなければ、舞台上で本物の車を飛ばすアイデアも生まれなかっただろう。前例がないから、仕組みをゼロから考えるしかない。舞台袖から飛び出すとして助走距離は約七メートル、ジャンプした後は車体を水平にして着地させる必要がある。まずスタントマンと廃車寸前の車を用意し、広い空き地で実験を試みた。そして、失敗を繰り返しながら知恵を出し合い、飛び出す崖の角度や構造を計算し、鉄骨でセットを組んだ。

美術制作の西川光三によれば、山田の功績はコントに鉄骨を使いはじめたことだという。そもそも、番組が終われば廃棄されるテレビ美術の世界には、鉄骨を使うという発想がなかった（『放送研究と調査』二〇二〇年九月号）。だが、『全員集合』では、鉄骨の使用によって表現の幅が広がり、安全性も確保された。ただし、観客に鉄骨であることが分かると意外性がなくなるため、板を張るなどしてカモフラージュを施している。

前半コントのラストに差し掛かり、崖の上に車が姿を見せた。そうして観客の目を引きつけてから、バックして思いきりエンジンをふかし、一気にジャンプする。着地と同時に、会場全体に衝突音が鳴り響いた。客席からは歓声が上がり、「盆回り」の曲が流れ出す。無事、成功だった。

車が飛び出す仕掛けは十六年間で二回だけ、一九七九年と一九八二年に行われている。番組を十年以上続けて蓄積したノウハウの成果だった。また、いかりやが山田を「天才」と呼んで全幅の信頼を寄せたように、メンバーとスタッフの間に信頼関係があったからこそ実現できたのである。

本番を終えて帰りの電車のなかで、山田は苦しくなり、思わずうずくまってしまった。周囲からは酔っ払いにしか見えないが、酒は一切飲んでいない。屋台崩しのある日はいつも、胃けいれんを起こしていた。毎週それだけ極度のプレッシャーと緊張状態のなか、本番に臨んでいたのだ。

舞台美術家の妹尾《せのお》河童《かっぱ》は、『全員集合』での山田の仕事を「テレビ美術史に刻まれた快挙」と絶賛している。山田はアートを「純粋芸術」と「条件芸術」に分け、テレビ美術は「条件芸術」だと規定した。芝居とのつながりや操作性、予算、日数といった「条件」を満たさなければ、どんな素晴らしいデザインも失格になる。『全員集合』の美術費予算は番組後期で一回八百万円、年間四億円だった。山田はその予算をきっちり守り、トータルで赤字を一度も出さなかった（『8時だョ！全員集合の作り方』）。

どれほど完成度の高いセットであっても、本番が終われればすぐに壊され、捨てられる。同じセットで再演されることはない。舞台美術はいずれ必ずゴミになる。そのような運命について、山田は次のように語った。

〈「全員集合」の舞台美術は、たとえていうなら〝花〟だ。それは、華やかなものという意味もさることながら、その命の短さにある。セットの図面を引きはじめてから、実際に完成するまで7日かかる。その汗水たらして作ったセットは、15分間のコントが終わると、あとはがらくたに変わってしまう。しかし、わずかな命だからこそ、人の目を楽しませる花のように存在価値があるのだと思う。〉（『ザ・テレビジョン』一九八三年九月二十三日号）

「人動主義」と六人目のドリフ

コントのオチで流れる「盆回り」は、もともとチャンバラコントのために作曲したものだった。その曲が鳴ると、スタッフが一斉に舞台上に現れ、慌ただしくセットを撤収する。本来なら裏方の姿をなるべく見せないのが舞台の常識だが、山田はいかに多くのスタッフが番組に関わっているかを知ってほしかった。だから、回り舞台を使うときも、背中合わせになったセットの境目を隠さなかった。舞台転換を積極的に見せることで、生放送の緊張感を伝える狙いもある。何よりも「盆回り」の曲が、舞台転換をショウの一部に変えた。

　番組の本番には、総勢二百人のスタッフが参加している。美術スタッフだけで約四十五人、彼らが用意した仕掛けは、セット裏にスタンバイしたＡＤが操作した。『全員集合』では、あらゆる仕掛けを機械ではなく、人力で動かす。山田はそれを「人動主義」と呼んだ。毎週新しくつくるために機械化できないという理由もあるが、メンバーの動きはリハーサルと本番で微妙に変わるうえ、コンマ何秒違うだけで笑いが起きなくなる。笑いの「間」は人でなければ対応できないのだ。

　当時は小型モニターがないため、ＡＤはきっかけを肉眼でつかむしかない。あらかじめセットに穴を開け、客席から見えない狭い場所に潜り込んで待機する。そして、タイミングを見計らい、金だらいを落としたり、水の入った風船を割ったりした。難しいのは、演者の動きを見過ぎるとタイミングが遅れてしまい、演者と裏方が探りあっても上手くいかない。山田は、「例えばお化けの仕掛けを動かすときには、自分がお化けに乗り移らないとダメなんだ」と口を酸っぱくして言った（『コメ旬』Ｖｏｌ．３）。

彼らは裏方でありながら、ときに笑いの主役になった。それは美術も同様で、大道具から小道具までが笑いの重要な要素である。だから、本番直前になって要求される無理難題であっても、面白くするためなら何でもやった。プロデューサーの高橋利明は次のように語る。「僕たちは６人目のドリフになったつもりで、みんなが、この（５人の）ドリフが客の前でどうカッコよく笑わせていくかってことしか考えてないんですよ」（『放送研究と調査』二〇二〇年九月号）。

とはいえ、人動主義であるからには、失敗も数えきれない。仕掛けのタイミングが合わなかったり、屋台崩しでセットが壊れすぎたり、すべてが予定通りだった回はほとんどなかった。それでも、山田がメンバーから直接怒られるようなことはなかったという。彼らがスタッフを同志として認め、番組づくりの情熱を共有していた証しだろう。

たとえ完璧な舞台ではなかったとしても、生放送の熱気と緊張感が『全員集合』を輝かせた。山田は次のように語っている。

〈これはたぶん数値で表せないし、証明できないと思うけれど、ものを作るときのエネルギーの総和だと思うのね。誰がどれくらい汗かいたか、頭使ったかということが、視聴者にわかっちゃう。現場で和気あいあいだけじゃなくて、必死で知恵を出して、一生懸命作っているときの熱、エネルギーの総和というのは伝わると思います。どれぐらい緊張して、どれぐらいのエネルギーを出したか。当日のスタッフが総勢約２００人。お弁当だって２００いるわけだから（笑）。そういうエネルギーは凝縮されて、見る人に伝わったんじゃないかと思います。〉（『放送研究と調査』二〇一一年七月号）

山田は『全員集合』を担当していた十五年間、ほとんど休みがなく、他の番組に関わる余裕もなかった。それは他のスタッフも同じだ。「六人目のドリフ」である彼らにとって、『全員集合』は生活そのものだった。

歌舞伎とディズニーランド

近年の演劇研究では、歌舞伎や新劇から商業演劇までを含めた近代演劇が、いかに最新のテクノロジーを取り込んできたかが指摘されている。テクノロジーは観客の目や耳を驚かすための、ある種の見世物だった。その精神は『全員集合』の舞台美術にも流れている。

小道具の制作を請け負っていた光子《こうし》館《かん》の岩本浩二《いわもとこうじ》によれば、『全員集合』では常に問屋から情報を仕入れ、新しい素材をいち早く使った。その代表例が模型材料として知られていた「バルサ」である。バルサは中南米産の材木で、軽くて軟らかいため工作性に優れていた。そのバルサを人やバイクが突っ込んで壁を壊す場面で大量に使用したのだ。簡単に壊れて派手に見えるからコントに最適で、今なおバラエティ番組で使われている。ほかにも、ウレタンや蛍光塗料、ピアノ線などを積極的に取り入れ、表現の幅を広げていった。

再度『全員集合』の演劇性に着目すると、その舞台美術には多様なジャンルが交錯している。なかでも特筆すべきは、歌舞伎とディズニーランドだろう。

大道具の制作は、明治十九年の創業以来、歌舞伎を中心に美術制作を手掛けてきた金井大道具が担当しており、数々の仕掛けに歌舞伎の技法が使われた。例えば、コントの最後に天井から大量のヘビやピンポン玉が落ちてくるオチは、「振落《ふりおと》し」という技法の応用だ。また、『全員集合』の人気コントに「金田《きんだ》一《いち》」シリーズがある。金田一耕助に扮した志村が、暗い家のなかを探索していると、目の前に次々と生首や幽霊が現れる。書割の一部をくるりと回転させて一瞬で人を出現させる「田楽返《でんがくがえ》し」など、全編にわたり歌舞伎の技法を駆使して、観客を驚かせた。志村が前を向いていると、田楽返しによって幽霊が現れ、客席から「志村、後ろ後ろ」の声が飛ぶ。観客の声に注目しながら過去の映像を見ると、それらの演出がいかに効果的だったかがよく分かる。

歌舞伎を参考にしたのは、美術スタッフだけではない。いかりやもしばしばメンバーを引き連れ、歌舞伎鑑賞に出かけた。作家の村松友視《むらまつともみ》は、歌舞伎公演の客席にドリフのメンバーを見つけたときのことを次のように書いている。「市川猿之助《いちかわえんのすけ》の明治座公演の客席でのことだったが、舞台を見るいかりや長介と志村けんの鋭い目が記憶に残っている」（『朝日新聞』一九八九年三月五日）。舞台美術から加藤と志村の歌舞伎コントまで、ドリフは歌舞伎から多くのネタを取り入れていた。

一九七〇年代も後半に差し掛かり、放送回数が三百回を超えると、コントの設定もさすがに出尽くした感がある。そんななかで新機軸の舞台美術が登場した。カラフルで可愛らしい人形が歌って踊る、幻想的なセットである。これまでのような汚しを入れて生活感を出すリアリズム志向とは正反対の、ファンタジー路線だ。それは、メンバーとスタッフによるアメリカ旅行の成果だった。

きっかけはラスベガスでショウを観てきたいかりやが、同じものを『全員集合』でもやりたいと言い出したことだった。いかりやがあれこれ説明しても、実物を見なければイメージがわかない。そこで、ドリフの五人と、山田をはじめ美術スタッフやディレクターがツアーを組んでアメリカへ旅行し、ラスベガスと本場カリフォルニアのディズニーランドを見学した。それ以降、スタッフによる海外旅行は恒例になり、毎年夏頃に二十名前後で視察に出かけている。

旅先で得たアイデアは、番組内で様々に活かされた。ラスベガスでは舞台上に本物のスケートリンクを設置し、ショウが行われていた。それを観た山田は、液体窒素の入ったタンクローリーを用意し、一晩かけて市民会館の舞台にスケートリンクをつくった。ディズニーランドはアイデアの宝庫である。電飾の花や蝶が暗闇に浮かび上がるセットはエレクトリカルパレードをイメージし、探検隊のコントはジャングルクルーズからヒントを得た。

なかでも傑作が、一九八〇年五月三日放送の「ドリフの盗賊団・不思議なピンチハウス」である。モデルは、鳥や花が歌うディズニーランドのアトラクション「魅惑のチキルーム」だった。いかりやから頼まれた山田は、オリジナリティを出そうと案を練り、暖炉や階段など家全体が歌う仕掛けを考えた。「魅惑のチキルーム」は電気で動くロボットを使っているが、『全員集合』では人力で動かすしかない。楽譜の読める合唱団に依頼し、約五十名がセット裏に隠れ、音楽にあわせて操作した。いつもの前半コントが、途中からミュージカル調に変わり、最後はすべての仕掛けが一斉に動き、観客と一緒に「カラスの勝手でしょ」を合唱して大団円を迎えた。東京ディズニーランドが開園するのは一九八三年であり、それ以前に多くの日本人は『全員集合』を通してアメリカのショウの一端を体験していたのだ。

　この回のセットは高く評価され、山田が第八回伊《い》藤《とう》熹《き》朔《さく》賞を受賞している。伊藤熹朔賞は優れたテレビ美術をつくったデザイナーに贈られる賞で、バラエティ番組での受賞は初めてだった。

主役交代

　どしゃ降りの雨のなか、東村山市の運動公園には、故郷のヒーローを一目見ようと大勢の市民が集まっていた。『東村山音頭』の初披露から四ヶ月後の一九七六年七月十一日、地元の体育祭に志村が一人で登場した。みな傘をさしながら拍手喝采で、ドリフに加入してからの二年間の苦闘が嘘のような人気ぶりだ。志村には、東村山の地名を全国に広めた功績に対して、市長からその場で感謝状が贈呈された。今なお、東村山は多くの日本人にとって志村けんと不可分である。

一度人気に火がつくと、主役の交代は一気に進んだ。同年九月に『東村山音頭』がレコード化される際には、『加藤茶のはじめての僕デス』（A面）と『志村けんの全員集合 東村山音頭』（B面）が「両A面」を謳って発売された。『はじめての僕デス』は、NHKの『みんなのうた』で当時十歳の宮本浩次《みやもとひろじ》が歌っていた曲であり、それを加藤が東北弁で歌う。ドリフにゆかりのある曲ではなく、ある雑誌では志村に人気を奪われた加藤への配慮ではないかと推測されている（『週刊朝日』一九七六年九月十七日号）。これまでのドリフのレコードジャケットには五人が必ず写っていたが、今回は加藤と志村の二人だけだ。形の上では「両A面」になっているものの、事実上は志村が主役のレコードだった。

志村の勢いはとまらず、その年のうちに英語の人称代名詞をデタラメにした「アー・ミー・マー」「ユー・ヤー・ユー」のギャグがヒットした。英語教育の妨げになるとの抗議もあったが、それだけ志村が影響力を持ちはじめたのだ。雑誌には萩本と並ぶ人気者と書かれ、一時はコント55号への弟子入りも考えた志村が、時代の寵児になろうとしていた。

志村の躍進によって『全員集合』は以前の輝きを取り戻し、一方で『欽ドン』の視聴率が下降していった。一九七七年三月、『欽ドン』はテコ入れのために一時休止を決断する。

半年後に再開してからは下半期のみの放送となり、一九八〇年三月に萩本は再び土曜八時から撤退した。一九八〇年代前半の萩本は「視聴率一〇〇％男」と呼ばれ、彼の全盛期はまだ続くが、ドリフとの直接対決において黒星がついた。

いかりやは、志村の加入によってドリフの性格が変わったと記している。「荒井がやめる以前は、私を中心としたアンサンブルの時代。志村が入ってからは、志村というスターを押し立ててのコメディ集団だ」(『小説新潮』二〇〇〇年一月号)。以前のドリフには、権力者のいかりや対四人の弱者という構図があり、四人のなかでは加藤が中心とはいえ、アンサンブルの笑いを基本にしていた。だが、志村が覚醒してからは、「バカ殿」シリーズや「金田一」シリーズのように、強烈なキャラクターを演じる志村が全体の笑いを牽引していった。なかには加藤も脇にまわり、志村の一人舞台に近いコントもある。

これまで築いてきたドリフの笑いが変質したとしても、ドリフが延命できるのであればそれで良かった。志村がウケるとなれば、躊躇なく主役を加藤と入れ替える。そこには、指揮官であるいかりやの冷徹な判断があった。メンバー五人による座談会で、いかりやはドリフの方針を次のように語っている。

〈グループだから、総合力で決着をつけるということを大前提にしているんです。だから

「オレの出番が少ない」とか「あいつはいいギャグをもらう」なんていう個人の欲望は、いっさい無視しているわけ。（ここで加藤茶が小さくうなずく）芝居だと、役者の名前とか人気に応じてウケ場というものがあるでしょう。そのウケ場がわれわれにはないんです。人間だから、えてしてそういう欲を持ちがちだけどそれは認めていません。〉（『週刊平凡』一九七七年五月十二日号）

いかりやは公の場で方針を明言することで、志村を守ろうとしたのだろう。新参者がでしゃばると叩かれるのが世の常である。志村は雑誌の取材で「新入りがウケてるっていう遠慮は？」と聞かれたとき、ムッとした表情を見せている（『ＭＯＲＥ』一九八〇年九月号）。これに限らず、志村はそのような空気を敏感に感じていたはずだ。

ボーヤからドリフの主役への華麗なる転身は、志村を取り巻く人間関係を大きく変え、それがしばしば軋轢を生んだ。『全員集合』の構成作家だった松岡孝《まつおかたかし》は次のように語る。

〈『全員集合』で売れ始めた頃、彼がＴＢＳのスタッフに厳しく当たり、生意気な面が出てしまったことがありました。窘《たしな》めるよう頼まれたいかりやさんは、『それをやったら委縮してアイツの面白さが消える。今は言えない』と頑《かたく》なでした〉（『週刊文春』二〇二〇年九月十七日号）

志村は次第にコメディアンとして自信をつけていくが、周りからはどうしてもボーヤあがりに見られてしまう。そのギャップが、生意気にも見える振る舞いにつながったのではないか。若くして成功した者ならではの、傲《おご》りでもあり焦りでもある。いかりやはそんな志村の盾になっていた。

一方、個人の欲望は無視すると語るいかりやに対して、小さくうなずいた加藤はどう思っていたのか。最年少の座を譲ったとはいえ、加藤はまだ三十代だ。主役を進んで降りる年齢ではない。まだ体も充分に動き、これまでドリフを支えてきたという自負もある。

後年のインタビューでは、志村にライバル意識はなかったと答えることが多い。だが、ときに本音を垣間見せた。『ダウンタウンＤＸ』がメインゲストと三人でトークする内容だった時代に、加藤が出演してドリフについて語っている。松本人志から、志村に人気が出てきたときの精神状態を聞かれ、加藤は自らの心境を呟くように語った。

〈やっぱり複雑だったよね。自分が今までシンを取って、笑いを取ってたでしょ。後から入ってきて同等に笑いを取られると、「あれ、こいつには負けちゃうのかな」と思うんだね。しばらく悩んだりなんかしたこともあるの、かなり。志村がぐんぐんぐんぐん出てくるからね。…（中略）…でも、ドリフターズ全体のためにはなってるから。すごく活性化

される。そういう気持ちになるまでは、かなり時間があったですね。〉（『ダウンタウンDX』一九九三年十一月十一日放送）

気持ちが吹っ切れたのは、加藤がバンドマンだからだった。スタープレイヤーにスポットライトが当たっているときは、他のメンバーは引き立て役に徹する。バンドマンとしての習慣が、加藤を納得させたのだ。こうして加藤やいかりやらにサポートされながら、志村は次々に新しいギャグを繰り出していった。

いかりや長介愛人騒動

一九七八年六月、その日の前半コントは、五人が囚人に扮して刑務所から脱走するという設定だった。いかりやが「オレたちは追われているんだ」と言うと、すかさず志村がツッコミを入れる。「追われてるのはアンタでしょう。いかりやさん。愛人つくって週刊誌に追われて!!」。続けて志村は記者風にテープレコーダーを肩に下げ、いかりやにマイクを突きつけた。「真相はどうなんですか、いかりやさん」「ノーコメント」「離婚はするんですか」「何もいえません」（『週刊サンケイ』一九七八年七月二十日号）。

その頃、いかりやは週刊誌に「愛人」の存在を報じられ、芸能ジャーナリズムを賑わしていた。いかりやには、沼津のキャバレーで出会った一歳年下の妻、繁子がいる。一方、愛人と報じられたのは、赤坂の毛皮店に勤める慶野恵津子で、一回り年下の三十五歳だった。一部の報道では糟糠《そうこう》の妻を捨てて若い女に走ったと言われ、いかりやはマスコミから追い回されていた。

　志村のセリフはアドリブではない。いかりやがこのネタならウケると踏んだうえで、正式な台本に採用したのだ。スキャンダルを自ら笑い飛ばすのはコメディアンの性だが、その裏にはいささか重い事実が潜んでいた。

『全員集合』がスタートした一九六九年、繁子は第二子で長男の浩一を出産後、病を得て入退院を繰り返すようになる。神経症、いわゆる心の病だった。いかりやは時間があれば病院を訪れ、地方での仕事のときは毎日電話を入れたが、いかんせんドリフが最も忙しい時期だ。いかりやの息子の浩一によれば、彼が小学一年生の頃に、療養のため実家近くの真鶴に別荘を建て、繁子は家族と離れて別居生活に入った。

　今でこそ父子家庭は珍しくないが、当時は子育てには母親の存在が不可欠だと強く信じられていた時代である。医師からも子どものための離婚をすすめられ、子煩悩のいかりやは心に深い悩みを抱えていた。恵津子は、二人の幼い子どもの母親になるとともに、いかりやの心のすき間を埋めてくれる存在だったのだろう。

いかりやが離婚を決意し、慎重に事を進めているところで、週刊誌がその事実をすっぱ抜き、スキャンダルとしてセンセーショナルに報じてしまった。浩一によると、いかりやが「ドリフターズ事務所」を設立し、渡辺プロから独立しようとしていた時期で、そのことをよく思わない関係者が情報をリークしたのだという(『いかりや長介という生き方』)。一時は、繁子が週刊誌の取材に応じ、泥沼の離婚劇に発展しそうになった。だが、騒動は次第に沈静化し、同年七月に繁子との離婚が成立、翌年二月に恵津子と入籍している。

いかりやは騒動をネタにしていたものの、内心では苦渋の決断だった。互いを憎んでの離婚ではない。いかりやはずっと気にかけていたが、離婚から七年後の一九八五年、繁子が病死した。浩一は『いかりや長介という生き方』のなかで、その日のことを記している。いかりやは二人の子を連れ、通夜に赴いた。

〈帰りがけ、最後にもう一度お袋の霊前にお線香をあげた。親父は遺影を前にして背中を丸めたまま、しばらくの間座り込んでいた。心の中で、お袋と最後の別れの会話をしていたのかもしれない。三分ほど経った頃だったろうか、

「こいつを、幸せにしてやれたのに……」

誰に言うともなく、そう呟いていた。〉

いかりやには信念があった。父は強くなければならない。いかりやは息子に対して、「男というのは、必死に働いて、か弱い女性や子供を守っていかなくてはならない」と言い続けた。いかりやの守るべきものとは、家族とドリフである。彼はわが子に対してもメンバーに対しても、怖い父になった。

新生ドリフが誕生して以来、いかりやは家族とドリフを守るために必死だった。とりわけ繁子が病気になってからは、実に孤独な闘いだったろう。だから、再婚によって、ようやく安らぎの場所を手にしたはずだった。

だが、それから十年後、いかりやに再びつらい闘いの日々が訪れる。

ヒゲダンス・カラスの勝手でしょ・早口ことば

一九七七年十月から一年半放送された『飛べ！孫悟《そんご》空《くう》』（火曜夜七時〜七時三十分）は、ドリフを『西遊記』の一行に見立てた人形劇である。メンバーが自分にそっくりな人形の声を担当し、ほかにピンク・レディーが実写で出演していた。毎回、様々な替え歌が披露され、物語はミュージカル仕立てで進む。メンバーの配役は、孫悟空（志村）、三蔵法師《さんぞうほうし》

（いかりや）、沙《さ》悟浄《ごじょう》（仲本）、猪《ちょ》八戒《はっかい》（高木）で、加藤はハゲオヤジの「カトー」というオリジナルキャラクターを演じた。第一回ではカトーが孫悟空に向かって、「お前がいなければお前の役、俺がやってたかも知れない」というセリフがある。もちろんギャグだが、視聴者にドリフの主役交代を印象づけるシーンだったろう。

いかりやは、志村にはネタをつくる才能があったと書いている。『全員集合』の前半コントはいかりやが主導権を握っていたが、後半のショートコントは四人が個々に考えていた。志村の才能はそこで発揮される。とくに番組が十周年を迎えた一九七九年から一九八〇年にかけては、ギャグの当たり年だった。加藤と志村がコミカルな動きとともに無言で曲芸を見せる「ヒゲダンス」、童謡『七つの子』の替え歌「カラスの勝手でしょ」、少年少女合唱隊のコーナーでリズミカルな音楽に乗せてラップのように歌う「早口ことば」、志村の仕掛けたギャグが次々に大ヒットした。

この時代の『全員集合』には、世界的に見ても最先端のサウンドが鳴り響いていた。志村が持ち込んだのである。志村はソウルやディスコなどの黒人音楽マニアで、一九八〇年四月号から翌年一月号まで、音楽雑誌『jam』に洋楽の新作アルバムのレビューを執筆している。志村の特異さは、最新の音楽を笑いに結びつけたことだ。

よく知られているように、「ヒゲダンス」のテーマ曲はアメリカのソウルシンガー、テディ・ペンダーグラスの『Do Me』からベースラインを借用しており、「早口ことば」はアメリカのソウルシンガー、ウィルソン・ピケットの『Don't Knock My Love』を元ネタにしている。編曲は『全員集合』の音楽を担当していた、たかしまあきひこである。『Do Me』を収録したアルバム『Teddy』がアメリカでリリースされたのは一九七九年六月、『全員集合』で「ヒゲダンス」のテーマ曲が流れたのは一九七九年九月だった。一九八〇年二月に『「ヒゲ」のテーマ』としてレコードが発売されると、子どもたちは学校で、大人たちは宴会で真似をした。まさに同時代の黒人音楽が、『全員集合』を通して日本中に浸透していったのである。

　音楽研究者の輪島《わじま》裕介《ゆうすけ》は、「志村のギャグ自体が抜き難くアメリカ黒人音楽的である」として、次のように論じている。

〈歴史研究者として、やや長い時間軸で大風呂敷を広げれば、志村の「黒さ」は、占領期の米軍キャンプに起源を持つ芸能プロダクションや、さらにいえばテレビというメディア自体がヴァラエティを通じて啓蒙しようとしてきた、豊かでハイカラな「アメリカ的なもの」の「白さ」に対するカウンターとして位置づけられるのではないか、そしてそれゆえに、「低俗」として非難されるまでに日本の日常文化に根付いていったのではないか。「早口言葉」以前の「合唱隊」が、多くの場合、楽譜の視唱能力に基づくハーモニー中心の西洋近代的な音楽性を試す場であり、それゆえに（少なくとも当時の幼児にとっては）退屈なものだったのが、「早口言葉」のあのリフと言葉のリズム、そして志村の出番での全員の振付によって、アメリカ黒人教会を思わせる高揚感を湛えた場に変容していったことは象徴的であるように思える。〉（「ソウルマンの死～追悼・志村けん」『本がひらく』二〇二〇年四月十五日配信）

　ほかに類のない優れた志村けん論だと思う。輪島はまた、性的な身体を笑いと結びつけることも黒人音楽の重要な特徴であり、『全員集合』時代の志村の下ネタには、「ある種の解放の契機」が含まれていたと指摘している。現在の観点から糾弾されやすい下ネタについても、単純に肯定否定せずに、歴史を踏まえて多面的に考察すべきだろう。

　志村の活躍によって『全員集合』は三〇％台後半の視聴率を維持し、ドリフは第二の黄金期に突入した。その一方で、志村が絶好調だった時期は、『全員集合』が「俗悪番組」として激しく非難された時期と重なる。以前から『全員集合』は定期的にやり玉にあがっていたが、一九七八年に俗悪番組追放キャンペーンが大きな盛り上がりを見せた。日本P

TA全国協議会が「テレビワースト番組7」を公表し、テレビ局とスポンサーに対して放送中止を要求、誠意ある回答がなければスポンサー商品の不買運動を行うと宣言した。「ワースト7」の筆頭が『全員集合』だ。理由は「言葉づかい野卑、行動下品、悪ふざけ、食物を粗末に扱っている」だった（『朝日新聞』一九七八年八月九日）。

今なら対応に大わらわになりそうだが、『全員集合』は一切動じなかった。時代が違うとはいえ、やはり大衆から支持されているという絶対的な自信だろう。当時は『全員集合』のほかに、スタジオ収録のコントを見せる『ドリフ大爆笑』がフジテレビで月一回、森光子《もりみつこ》をはじめ女優とコントでからむ『ドリフと女優の爆笑劇場』がテレビ朝日で年数回のペースで放送され、どれも好調だった。

いかりやは志村の成功を見て、若手の育成を考えはじめていた。次世代の候補には志村の二歳年下のすわ親治《しんじ》がいる。すわはブルース・リーのものまねで『全員集合』の舞台に立ち、『飛べ！孫悟空』でも馬役としてレギュラー出演していた。若手が育てば、たとえ誰かが年を取って動けなくなっても、メンバーを入れ替えられる。志村に対して、若手のリーダーになってほしいと頼んだこともある。いかりやは、ドリフが世代交代しながら継続する体制を構想していたのだ。実現すれば、『全員集合』は永遠に続くかもしれなかった。

ノミ行為事件

ヒゲダンスは、加藤にとって久しぶりのヒットだった。その頃の加藤はギャグに恵まれず、「もう舞台に出てしゃべりたくない」と漏らすほど気持ちが落ちていた。そこで志村が、動きだけのギャグを提案したのである。のちに加藤から「志村、あのとき、お前があれやろうって言ってくれなかったら、俺きつかったぜ」と言われた（『ＳＰＡ！』二〇一一年三月一・八日合併号）。ドリフへの加入を強く後押ししてくれた加藤を、志村が救ったのだ。こうして互いに才能を認めあう二人は、名コンビと呼ばれるようになっていく。

　童顔の青年だった加藤も三十代半ばを過ぎていた。週刊誌の報道はいつ結婚するかについてばかりである。記事には、結婚相手の条件は母を大切にしてくれる女性と書かれている。数年前に妹が嫁ぎ、加藤はマンションに母と二人で暮らしていた。母親思いの一面は昔のままだ。

　およそ一年間続いたヒゲダンスが終了した一九八〇年九月、加藤が帰宅すると、仏壇の前で母が倒れていた。すぐに救急車を呼んだが、脳溢血ですでに亡くなっていた。母は高血圧で、十日前にも一度倒れている。そのとき無理にでも病院へ連れていけば、母は死なずにすんだのではないか。加藤は自分を責めた。散々苦労してきて、ようやく生活が楽になったのに、助けられなかった。せめて最期は母の側にいてあげたかった。加藤は葬儀の間ずっと、後を追おうと思いつめていた。だが、住職がその心を見抜き、加藤を諭した（「ヨミドクター」二〇一五年十二月十七日配信）。

「変なこと考えていませんか。お母さんは、あなたに未練がないから、あの世に逝ったんですよ」

　加藤は直後の『全員集合』に休むことなく出演し、いつも通り観客を笑わせた。それから半年後、ドリフに最大の危機が訪れる。今度は加藤がドリフを救う番だ。

　一九八一年二月十八日水曜日、警視庁保安一課は、芸能プロダクション役員二名を競馬法違反容疑で逮捕し、客として仲本、志村、居作らを取り調べたと発表した。国の認可を受けていない者が私的胴元になって馬券を売る行為、いわゆる「ノミ行為」は法律で禁じられており、利用者も罰せられる。今のようにインターネットで気軽に馬券を買える時代ではないため、電話で注文できるノミ行為が横行しており、その売上は中央競馬会の正規の売上金額一兆円に匹敵するとも言われていた。『朝日新聞』の報道によると、仲本が四回にわたり九十六万九千円、志村が二回にわたり一万六千円、居作が二回にわたり三百三十二万円を申し込んでおり、三人とも容疑を認めていた。

その日は、三月に放送する『全員集合』の公開収録があり、メンバーは朝から会場の小田原市民会館に入っていた。だが、昼過ぎに警察発表があり、センセーショナルな報道合戦がはじまった。なかにはニュース速報を流したテレビ局もある。いかりやは会場の控え室で、予定通り収録を行うかをスタッフと協議した。その時点では、事件の見通しがまったく立たなかった。たとえ収録してもお蔵入りになるかもしれず、最悪の場合、番組打ち切りという事態に発展する可能性もゼロとは言えない。最終判断はいかりやに委ねられた。

いかりやの下した決断は、収録決行だった。たしかにテレビでは放送されないかもしれない。だが、会場には満員の観客がいる。彼らは『全員集合』の舞台を楽しみにして来たのだ。いかりやはメンバーに向けて宣言した（『これがドリフターズだ』）。

「この舞台が、ドリフの最後の舞台になるかもしれない。だから、みんな、後に悔いの残らないよう死にもの狂いでやろうじゃないか。舞台が終わるまで、事件のことは考えるな」

会場周辺が詰めかけた報道陣で騒然としているなか、午後八時にいかりやが「八時だョ！」と叫び、五人でいつも通りコントを披露した。午後九時すぎ、いかりやは仲本、志村とともに記者会見を開いて謝罪し、二人の謹慎を発表した。翌日の新聞紙面は、「ノミ馬券だョ！全員集合」「『勝手でしょ』とはいかないよ」の見出しが躍った。

ＴＢＳは早々に番組継続を決めたが、生放送は二日後に迫っていた。加藤が交通事故を起こしたときは四人で乗り切ったが、今回は三人しかいない。そんななか、いかりやのもとへ、応援出演の申し出が続々と寄せられた。

荒井注「その日はいなかったんですが、1週間後、いかりやに連絡がつきましてね。友情出演したいっていうと〝もしものときは頼むよ〟っていってましたよ。昔ぼくがドリフにいたころ、いかりやが肋骨折って入院してしばらく4人でやったことがあるんだけど、そのときも死にものぐるいだった。ひとり欠けただけでもたいへんなんですよ。テレビの画面で3人の姿見てると痛いほどその苦労がわかります。話があれば、いつでもピンチヒッターとしてやりますよ」（『週刊平凡』一九八一年三月十二日号）

小松政夫「とくにいかりやさんには公私ともに世話になってます。こういうときでなければ恩返しできないと思って、直接いかりやさんに電話しました。〝その気持ちはたいへんありがたい〟っておっしゃってくれましたよ。」（同右）

萩本欽一「こんなことで、ドリフを解散したり、番組をやめたりしないで欲しい。もし、万が一、そういうことになるなら、最後の〝8時だョ!全員集合〟にはぜひ呼んでくれ。」
(『これがドリフターズだ』)

ほかにも井上順《いのうえじゅん》、前川清《まえかわきよし》、宮崎美子《みやざきよしこ》らが名乗りをあげた。だが、最終的にいかりやは応援を頼まず、三人だけでやり抜く決意をした。仲本と志村がいつ復帰できるか分からない以上、三人でも面白いと世間に認めさせるしかないと考えたのだろう。それはつまり、加藤を主役にしてコントをすることを意味している。いかりやは加藤の復活に賭けた。ドリフの危機を救えるのは、加藤しかいないのだ。

三人ドリフ

本番前日、立ち稽古に臨むいかりやの姿には、鬼気《きき》迫《せま》るものがあった。三人ドリフのためのアイデアを次々と出し、加藤に対しても厳しく注文をつける。リハーサル室には、仲本と志村の姿もあった。謹慎中であってもギャグづくりには参加させる方針で、それだけは非難されても撤回しなかった。笑えるギャグを考えることこそ、コメディアンとしての責任の取り方なのだ。

二月二十一日、入間市民会館は早朝から親子連れが長い行列をつくっていた。正面入口には、「このたびの不祥事でメンバーのうち二名は謹慎のため出演致しません」と書かれた「お知らせ」が張り出されている。記者たちが楽屋口に待ち構えるなか、メンバーが無言のまま楽屋入りした。七時を過ぎて客入れがはじまると、千を超える客席はいつも通り満席になった。番組冒頭で、いかりやが謝罪の言葉を述べる。

「とんだ不祥事を起こして申し訳ございません。三人ですが、死んだ気になって一生懸命がんばります。よろしくお願いします」

居作によれば、オープニングのいかりやは凄まじい形相をしていたという。前半コントは探検隊シリーズで、加藤が一人で次から次へと現れる怪物と格闘し、体を張って熱演した。三人になった事情もギャグにし、加藤が「今日はやめて、早く帰ろうよ」と言っていかりやから二発殴られると、「ちくしょう、志村がいたら1発ですんだのに！」と笑わせた（『週刊明星』一九八一年三月十二日号）。「カラスの勝手でしょ」と「早口ことば」も加藤が志村の代役を務め、会場は拍手喝采の大盛り上がりである。いかりやは番組終了後にインタビューに応じ、ドリフの解散はないとあらためて明言した。

月曜日に視聴率が発表され、『全員集合』は四七・六％を記録、通常回を一〇％上回った。事件による興味本位の視聴率ではあるが、いかりやは数字よりも会場の笑いに手ごたえを感じていた。三人ドリフは翌週以降も続き、視聴率は落ちることなく、四〇%台を維持している。それは、加藤による奮闘の結果であり、また、二人の復帰へのエールだった。

　事件発覚から三週間後、東京地検は処分を発表し、仲本と居作が略式起訴、志村は少額のため起訴猶予処分に決まった。その後、東京簡易裁判所が仲本に罰金十万円、居作に罰金二十万円の略式命令を出している。三月十三日、ＴＢＳは会見を開き、二十一日の放送から仲本と志村を復帰させると発表した。法的な決着がつき、一ヶ月間の謹慎で社会的な責任を取ったとの判断だった。

　続けてドリフも五人で記者会見に臨み、事件の謝罪とファンへの感謝を述べた。記者からは厳しい質問が飛び、終始重苦しい雰囲気で進んだが、加藤が「久しぶりに忙しかったナって、カンジですね」と答えると、はじめて笑いが起きた。いかりやは、三人ドリフでの加藤について次のように語った（『週刊平凡』一九八一年三月二十六日号）。

「おかげさまで加藤が活躍してくれまして。（笑）こっちは、この野郎、体はだいじょうぶかなと心配したぐらいです。なにしろ番組が終わったばかりだというのに、ステージで自分がなにをやったかよく覚えていないなんていうんですから。ま、疲れていたんでしょうねえ。」

結局、三人ドリフは四回で終わった。二十一日は久しぶりに五人ドリフでの生放送が日本青年館で行われる。五人揃ったからには思いきり動きを見せようと、女子プロレスラーと対決するコントをつくった。番組スタート前から、客席で誰かが志村を真似て「カラスなぜなくの」と歌うと、子どもたちがつられて「カラスの勝手でしょ」と歌い出す。本番では志村が二度も歌い、会場全体が大合唱だった。

視聴率はさらなる上昇が期待されたものの、結果は三八・四%と事件前の水準に戻っている。だが、ドリフは最大の危機を乗り越え、加藤も復活し、『全員集合』はますます安泰だ。誰もがそう思っていた。

マンザイブームと『オレたちひょうきん族』

現在から振り返って、それはやはり「革命」だったのだろう。一九八〇年代にメディアの中央へ躍り出たビートたけしや明石家さんまらは、テレビの笑いだけでなく、笑いと社会の関係を変えた。芸人は若者のカルチュア・ヒーローになり、人々の日常のコミュニケーションにまで影響を与えている。彼らは笑いを通して、日本人の価値観をつくり変えたのだ。その結果として、ドリフは大衆の欲望から遊離していく。

革命の胎動は一九八〇年四月一日、フジテレビ『火曜ワイドスペシャル』の枠で放送された『THE MANZAI』からはじまった。前年からすでに漫才番組が高い視聴率を取っていたが、『THE MANZAI』は漫才を披露する空間を劇的に変えた番組だ。漫才をローマ字表記に改め、電飾を使ったディスコ風のスタジオセット、小林《こばやし》克也《かつや》によるＤＪ調のナレーション、スピード感を出すために漫才の冗漫な部分を編集でカットするなど、演芸番組に革新的な演出が施された。出演者はＢ＆Ｂやツービート、島田《しまだ》紳助《しんすけ》・松本《まつもと》竜介《りゅうすけ》など若手を中心に起用し、客席も若者しか入れないというルールを設けた。若い漫才師のハイスピードなネタに観客が即座に反応する。スタジオは瞬く間に熱気と一体感に包まれていった。

奇しくも裏はドリフの番組だった。ＴＢＳは春と秋の改編期に『4月だョ！全員集合』『10月だョ！全員集合』を放送し、ドリフが総合司会を務めていた。新番組の出演者が勢揃いする番組で、現在の『オールスター感謝祭』の前身である。強力な裏番組があるなか、『THE MANZAI』は予想を上回る一五・三％の視聴率を記録した。以後、漫才が若者の流行の最先端になり、マンザイブームが日本中を席捲していく。

ブームが及ぼす影響力の大きさに最も早く気づいたのが、萩本欽一だった。一九八〇年春の時点で、小林信彦は萩本から次のように言われている（小林信彦『笑学百科』）。
「飛行機の中で漫才をきいてゲラゲラ笑ったんですよ。ところが、家に帰ってテレビをつけてみると、同じ漫才師が同じネタをやっていた。これでは、遅かれ早かれ、飽きられてしまうでしょう。だから、ブームがいつまで続くかなんてことは、どうでもいいんです。問題はそのあとですよ」

萩本によれば、日本人の笑いが変わるのだという。小林がその意味を聞くと、萩本は「そりゃ、ボクだって、わかりませんよ。でもね、日本の大衆の笑いの質が変わりますよ、きっと」と答えた。

同年末、第五回『THE MANZAI』が三二・六％の視聴率を叩き出し、マンザイブームはピークに達した。だが、翌年春からブームはゆるやかに沈静化し、『THE MANZAI』は一九八二年六月に第十一回で最終回を迎える。一方で、ブームから『笑ってる場合ですよ！』や『オレたちひょうきん族』が誕生し、漫才師は漫才の枠を越え、キャラクターを活かした笑いへと向かった。そして日本の笑いの質が変わる。萩本が予想した通りだった。

フジテレビの土曜八時に『ひょうきん族』がスタートしたのは、『全員集合』に仲本と志村が復帰してから二ヶ月後、一九八一年五月十六日だった。まだレギュラー番組ではなく、野球中継のない日の特番としての放送だ。出演者はツービート、B&B、島田紳助・松本竜介、明石家《あかしや》さんまらで、たけしが三十四歳、さんまが二十五歳だった。初回視聴率は九・五%とまずまずの成績を収め、八回の特番を経て、十月からレギュラーに昇格した。

出演者とスタッフは『全員集合』を強く意識していた。『全員集合』を倒さなければ、番組が生き残れないのだから当然だ。ディレクターの三宅恵介《みやけけいすけ》は、「王道の『全員集合』に対し、『ひょうきん族』の場合はゲリラでした」と語る（『笑芸人』VOL．1）。『ひょうきん族』は『全員集合』を分析したうえで、逆張りに徹した。スタジオ録画でアドリブ重視、NGやハプニングも積極的に採用し、ドキュメンタリーの笑いを追求した。それは一面において、萩本が敷いた路線の延長線上にある。くわえて、出演者の私生活をさらすような内輪ネタも多い。萩本やドリフにはない、過激で毒のある笑いも刺激的だった。

『ひょうきん族』では、『全員集合』が毎週長時間にわたって行っていた会議や稽古をやらなかった。思いつきであっても面白いと思えば、簡単な打ち合わせだけですぐにカメラを回す。つまらなければ編集でカットすれば良いという考えだ。この手法が可能になった背景には、技術の進歩がある。ディレクターの佐藤義和《さとうよしかず》によれば、それまでは編集に金と時間がかかっていたが、一九七九年頃から電子編集が導入され、編集作業が容易になったという。そのため、てんでバラバラに撮影しても十分に対応できた（『80年代テレビバラエティ黄金伝説』）。以前にもまして、テレビ芸を追求する環境が整ったのだ。

マンザイブームと『ひょうきん族』は、日本の笑いをどう変えたのか。すでに様々な指摘がなされているが、ここではいかりやの芸論と比較対照しながら見ていこう。

いかりやは、ドリフのコントは演技ではなく「体戯」だといつも口にしていた。ドリフの笑いのベースは動きによるドタバタ喜劇であり、ナンセンスに徹するために余分な意味や理屈を取り除く。コメディアンにはリズム感のある高い身体能力が求められ、その点において加藤や志村は理想的だった。だが、マンザイブームによって漫才師が笑いの中心を占めたことで、言葉の笑いが主流になる。さらには、一九九〇年代の松本人志の影響によって、言葉の笑いが動きの笑いよりも高度だという価値観が浸透した。その結果、芸人には身体能力よりもトーク力や発想力が求められるようになっていく。

言葉の笑いは、演者と観客の間で共有する情報の密度を要求する。一九八〇年代に若者文化がサブカルチャー化するなか、笑いもまた細分化していった。『THE MANZAI』の客席を若者に限定したことが象徴しているように、漫才師は同世代に向けてネタを発信した。子どもや高齢者が分からなくても構わない。一方、『全員集合』の収録会場は家族連れでいっぱいだった。いかりやは一九七九年の時点で、「ぼくは、要するにファン層に対して、おこがましいんだけど、ターゲットを絞ったということは、いまだに一度もないんですよ」と語っている（『朝日ジャーナル』一九七九年九月十四日号）。広く国民を対象にしたドリフは、マスマーケティング時代の笑いであり、高度消費社会の到来とともに、笑いもターゲットマーケティングへ移行していく。

一九八〇年代から芸人は単なる人気者なだけでなく、若者のカリスマになった。彼らは「笑われる存在」から「笑わせる存在」になり、社会的地位を大きく向上させる。そんななかでも、ドリフは「笑われる存在」にとどまり続けた。芸人がコメンテーターを当たり前にする時代になっても、ドリフのメンバーが社会問題に関してコメントしたことはないのではないか。いかりやは自分たちの在り方について、次のように語っていた。

〈僕たちの場合には、僕らの生活の裏を感じさせちゃいけない。舞台にポーンと上がったときに、見てる人が、あいつ本当にバカじゃないか、あれならまだオレのほうがましだ、といって指さして、ハハハと笑う。最高のときですね。〉（『サンデー毎日』一九七四年九月十五日号）

その姿勢は、芸人らしい芸人として称賛の対象になるかもしれない。だが、それは今だから言えることだ。当時はむしろ、新世代のカリスマの登場がドリフや萩本ら旧世代への批判へつながった。ドリフが再評価されるのは、もっとずっと後である。

一九八〇年代に起きた笑いの革命は、ドリフを徐々に撤退戦へと追い込んでいく。

亀裂

一九八一年は、『全員集合』がトラブルに見舞われた一年だった。ノミ行為事件による三人ドリフの最中の三月十四日、ゲストの細川《ほそかわ》たかしが坂道コントでアキレス腱を切り、全治二ヶ月の重傷を負った。六月には、野口雨情《のぐちうじょう》の弟子を名乗る人物が、「カラスの勝手でしょ」は『七つの子』を冒瀆《ぼうとく》しているとして、三千人の署名を集めてＴＢＳに提出している。さらに六月二十七日の放送では、志村の人形をギロチンにかけ、首を切り落とすシーンが残酷すぎると問題になり、抗議の電話が殺到した。翌日の全国紙でも報道され、スポンサーが自粛の申し入れを行う事態にまで発展している。

とはいえ、なんだかんだと言っても、視聴率はまだまだ三〇%台を維持していた。十月にスタートした『ひょうきん族』は一〇%台前半で、『全員集合』の王座は揺らがない。翌年一月三十日には『全員集合』が三七・一%を記録し、圧倒的な強さを見せつけた。

だが、まもなく異変が起きる。ビートたけし扮する「タケちゃんマン」が子どもたちの人気をさらい、『ひょうきん族』の視聴率がじわじわと上がりはじめた。春先に一度二○%を突破し、その後も一○%台後半を保っている。一方、『全員集合』は二○%台に低下し、三○%をめったに超えなくなった。一時間の視聴率を細かく分析した記事によると、前半は『全員集合』が優位だが、「タケちゃんマン」がはじまる八時三十分頃から『ひょうきん族』が逆転する（『週刊TVガイド』一九八二年四月二十三日号）。「強きを助け、弱きを憎む」アンチヒーローは、社会にアイロニーが蔓延《まんえん》する一九八○年代において、時代の空気を確実につかんでいた。

一九八二年十月二日、『全員集合』はついに視聴率で『ひょうきん族』に抜かれる。『全員集合』が一九・五%、『ひょうきん族』が一九・七%、僅差ではあるが初めての黒星だった。『ひょうきん族』がレギュラー化してから一年後の出来事である。翌週も『全員集合』は○・三%下回り、年内は二度の敗北で終わった。

再び、土曜八時に熱い戦いが繰り広げられる。だが、まさにそのとき、『全員集合』の内部では、鉄壁のチームワークに亀裂が生じていた。発端はささいな行き違いだった。事の顚末《てんまつ》を居作の『8時だョ!全員集合伝説』をもとに記述していく。

前年に五十歳を迎えたいかりやは、普段から「疲れた」が口癖になっていた。毎週新しいギャグを考え、会議と稽古が深夜にまで及ぶ、そんな生活を十年以上続けているのだから無理もない。一九八二年四月二十四日、その日は『全員集合』の生放送が埼玉県の秩父宮記念市民会館から行われる。本番前夜、いかりやは居作をホテルの部屋に呼んで訴えた。

「俺は、もう疲れたよ。コントを考えるのも、ネタひとつ作るのにも、もう根気が続かない。まかせるから、そっちで何とかやってくれないか」

居作はいかりやが疲れ果てていると感じた。実際、コントをつくる過程がギクシャクし、リハーサル室の空気も重苦しかった。いかりやが休んで精神的な余裕を取り戻し、現場の雰囲気を変えられるのなら、提案を受け入れよう。居作はいかりやが休める体制を整えるべく準備をはじめた。メンバーに話すと、加藤と志村はやる気充分だ。そんななか、仲本だけが懸念を示した。

「そりゃあ、やるのはいいけど、絶対モメると思うよ。長さんて、そういう人なんだから」

結果的に、仲本の予想通りになった。居作は事の成り行きを次のように記している。

〈これまでの長さん中心のコント作りを、メンバー中心でディレクターとやって欲しい。

ドリフターズとディレクター全員を集めての制作会議の席上、私は制作体制の変更を発表した。いかりや長介の顔が、ひきつった。

「ちょっと、待ってくれ」

いかりやは、そう言ったまま、しばらく口を開かなかった。気まずい空気が部屋中に広がり、沈黙の数分が過ぎた。

「わかったよ。みんな、俺がいらないって言うんだな」

いかりやは、こう言い残して席を立った。〉(『8時だョ!全員集合伝説』)

いかりやは本気で休むつもりはなかった。あくまでも愚痴の一つであり、内心では引き止められると思っていた。ギャグに対して鬼気迫るまでの執念をもついかりやが、疲れたからといって休むはずがなかったのだ。

だが、スタッフ全員の前で発表してしまった以上、お互いに引っ込みがつかない。いかりやは自伝のなかで、「つまり私は肩たたきにあったわけだ」と書いている。こんなときにゴネるのは男としてカッコ悪い、それが父の教えだった。いかりやは木曜の会議から外れた。それ以降、前半コントは加藤と志村を中心につくるようになる。

いかりやが会議に出なくなった時期については、関係者の証言が食い違っている。居作は一九八二年四月と記しているが、他の証言を列挙しよう。

・一九八四年に木曜会議から抜けろと言われた。すでに志村が独自のネタ会議をもっており、徐々にイニシアティブを譲るつもりだったが、突然外された。（いかりや長介『だめだこりゃ』）

・最後の五年間くらいは、加藤と志村でネタを考え、いかりやに報告するかたちをとっていた。（加藤の証言、『週刊文春』二〇〇四年七月八日号）

・「実は『全員集合』が終わるまで半年くらい、僕が台本を作ってましたね」（志村の証言、『ＳＰＡ！』二〇一一年三月一・八日合併号）

居作の証言は日時と場所が具体的であり、上記の出来事はあったのだろう。いくつかの証言から推測すると、木曜の会議の主導権が一九八二年から段階的に志村に移行し、番組末期にはいかりやが完全に外れたのではないか。

放送作家の田村隆は、いかりやが外れた理由をグループ内の関係性の変化だと説明している。一九七〇年代後半から、志村はドリフの人気を一身で支えてきた。それが志村の自信につながり、今までのようにいかりやの意見に従順ではなくなった。いかりやの笑いと志村の笑いに少しずつギャップが生まれてくる。志村がいかりやのもとを離れるのは、時間の問題だった。田村によれば、会議から外れるといっても、いかりやは別室で待機していた。ネタができると、ディレクターが別室に行き、いかりやに説明するのだという(『笑芸人』VOL.1)。一人別室で待ちながら、いかりやは何を思っていたのだろうか。

いかりやはこの件に関して多くを語らなかった。後年、『全員集合』の放送作家だった大倉徹也《おおくらてつや》が、いかりやに真相を訊ねている。大倉は『東村山音頭』がヒットした頃に『全員集合』を離れたため、事情を知らなかった。番組終了から八年後の一九九三年、大倉は偶然、いかりやと二人で飲む機会があった。そのとき、「どうして全員集合から外れたんですか」と聞くと、いかりやは「つまりリズムが違うんだよな」と答えた(『小説新潮』二〇〇四年五月号)。

「俺たち、4ビートで育ってるだろ。だから笑いの間も4ビートなんだよな。でもそれが違っちゃってさ。どうしようもなくなったんだよ」

誰とは書かれていないが、ドリフの四人は同じビートで育っている。つまりは、いかりやと志村のリズムが違ってきたのだろう。『全員集合』はグループのなかに不協和音を抱えながら、最終楽章に突入した。

最終回

本番中に子どもが会場の通路を走り回っている。昔ならあり得ない光景だった。山田満郎は客席の最後列から観客の反応を見つめながら、もう長くはないだろうと感じていた。『全員集合』はカメラ越しの視聴者よりも、その場にいる観客にウケるために全力を傾けてきた番組だ。だが、いつからか会場のボルテージが確実に下がっている。十数年間にわたって毎週最後列から客席を見てきた山田には、その変化が手に取るようにわかった。

番組開始時、三十七歳だったいかりやは五十歳を越え、二十六歳だった加藤も四十歳を越えた。全盛期に比べて、ドリフが動けなくなっている。山田はメンバーの負担をわずかでも軽くしようと、ある時期から少しずつセットの間口を狭くしていった。当初は十間（約十八メートル）だったセットが、終わり近くは六間（約十一メートル）になっている。すべて山田の独断で行い、メンバーには最後まで内緒だった。

一九八三年八月十三日、『全員集合』は歴代最低視聴率の九・二％を記録する。毎年お盆のシーズンには視聴率が低下傾向にあるが、一〇％を切るのは初めてだった。おそらくその数字がきっかけだったと思われるが、同年夏、いかりやは居作に『全員集合』の終了を相談した。居作は第一制作局長に昇進し、すでに現場を離れていたが、番組が抱えている問題はよく分かっている。居作はいかりやに賛成したうえで、あと一年続けて『全員集合』が十五周年を迎える一九八四年九月に幕引きする提案をした。いかりやは素直に頷いた。いかりやが居作の話に素直に相槌を打つのは、これが初めてだったという。

だが、番組はそれから二年続く。十六年のなかの二年は短いように見えるが、回数にして百回分だ。視聴率だけを比較するなら、『全員集合』は最後まで『ひょうきん族』と互角の戦いを繰り広げた。一九八四年以降はリードを許す回が多いものの、概ね五％以内の差に留まっている。問題は視聴率よりもむしろ、世の中を巻き込むような流行を生み出せなくなっていたことだ。『ひょうきん族』がタケちゃんマンやブラックデビル、アミダばばあなど、今なお記憶に残るキャラクターを生んだのに対して、同時期の『全員集合』には匹敵するものがない。しばしば一九八四年六月に起きた停電事件が話題になるが、あれは一回きりのアクシデントだ。

最後の一、二年はドリフのなかがギクシャクしていた。志村がそう記している。『全員集合』は改編期のたびに終了説が浮上し、やれマンネリだのやれパワーダウンだのと書き立てられた。さらには、番組終了と同時にドリフが解散すると報じられ、その原因はいかりやと志村の確執にあるとささやかれた。

のちに志村は半ば笑い話として、ギャラの配分が不仲の理由だったと語っている。実際、ギャラの査定はいかりやが行っていた。彼は査定の方針を雑誌で次のように説明している。「基本的にはギャラは年功序列的な色彩を濃くしている。もちろん、動く奴は汗を出すわけで、その汗の分は、僕の査定で考慮しています」（『近代中小企業』一九八三年七月号）。いかりやによる査定の正当性がどうだったかは分からないが、一般的に言えば、誰もが納得する査定は難しい。

もちろんギャラの問題があったにせよ、それだけが理由ではないだろう。先に記したように、二人の笑いにはギャップが生まれていた。何より志村はまだ三十代半ばだ。『全員集合』が終了してドリフが活動を縮小したとしても、自分はまだ第一線で活躍できる。その思いが、現状に対する焦燥感につながったのではないか。志村はいずれドリフを離れ、一人でもやってみたいと考えていた。そのためには、一度は師であるいかりやを否定しなければならなかった。

『全員集合』は各地の市民会館から生放送を行っていたが、次第に東京近郊のみになり、最後の一年間は主にＴＢＳのＧスタジオが使用された。映像で見ると、Ｇスタジオの舞台はあきらかに狭く、以前のような舞台中継ならではのスケールが感じられない。また、オープニングでメンバーが客席の通路を走り抜ける演出もなくなり、初めから舞台に板付きでのスタートに変わった。いかりやは終了間際のインタビューで次のように語っている。

「15年目は、ドリフ結成20周年にも当たって、やめどきだったんだけどね。結局惰性で1年間やってしまったというわけだ」（『週刊ＴＶガイド』一九八五年九月二十七日号）。

　一九八五年七月十九日、ＴＢＳは九月で『全員集合』を終了すると発表した。ドリフも揃って記者会見に臨み、いかりやが次のように挨拶している（『週刊明星』一九八五年八月八日号）。

「チームワークを大切にしながらナンセンスギャグに徹してきた。長い間拘束したメンバーが、この番組を離れてそれぞれの可能性をのばしてくれればうれしい。個性ゆたかな連中だから、みんなの期待にこたえてくれるでしょう」

　ドリフが解散するわけではない。ドリフの看板を残しながら、今まで認めていなかった個人活動を認める。これからは各自がやりたいことをやればいい。いかりやによるドリフ解放宣言だった。

　他のメンバーのコメントは以下の通りである。加藤「『全員集合』はボクの青春だった」、仲本「やるだけやって悔いはありません」、高木「ボクはドリフのお荷物だったけど、若さを何とか保てたのはカゲキな運動をやらされたおかげ」、志村「『全員集合』が終わっても、ボクらが死んじゃうわけじゃない。ファンのみなさん、これからも応援してね」。三人が『全員集合』の思い出を振り返るなか、志村だけは未来を語った。

一九八五年九月二十八日、最後の『全員集合』がはじまった。オープニングでは、ドリフの隣にゲストの荒井注が並んでいる。前半は定番の「かあちゃんコント」、後半はメンバーがタキシードに着替え、ゲストとともに名場面集を鑑賞した。そして、五人が花束を受け取り、いかりやが挨拶する。

「僕らごときが十六年間がんばってこられましたのも、ひとえにみなさま方の厚いご声援のおかげと一同、心から感謝いたしております。本当に長い間ありがとうございました」

いかりやが「元気よくいってみよーか」と叫ぶと、エンディングテーマ『ドリフのビバノン音頭』（原作詞・永六輔／替作詞・上野冷児、松原雅彦／作曲・いずみたく）が流れ出す。加藤の合いの手もこれが最後だ。ババンババンバンバン、「勉強しろよ」。ババンババンバンバン、「お風呂はいれよ」。ババンババンバンバン、「長い間ありがとう」。ババンババンバンバン、「元気で！」。観客が立ち上がり、スタンディングオベーションのなか生放送が終了した。

最終回の視聴率は三四％だった。『全員集合』は十六年間にわたって全八百三回放送され、平均視聴率二七・三％、最高視聴率五〇・五％というテレビ史に燦然と輝く記録を樹立し、幕を閉じた。だが、ドリフはまだ終わっていない。いかりやも志村も、ここで終わってなるものかと、心中ひそかに闘志を燃やしていた。

それから三ヶ月後の翌年正月、毎年恒例の新年会が赤坂の中華料理店で行われた。それは、メンバーが全員集まる最後の新年会だった。宴会は三本締めで終わり、帰り際に一瞬だけ、いかりやと志村が二人きりになった。いかりやの息子の浩一は、そのときの光景を次のように記している。

〈親父のほうが志村さんよりも先にドアから出ようとしたのだが、その時志村さんの肩をポンと叩いて、

「まあ、頑張れや。期待してるからな」

そう言った。志村さんは、聞こえるか聞こえないかの声で、

「はい」

とだけ言って、頭を下げた。

私は親父のすぐ横に立って見ていたが、二人とも目線を合わせていなかった。〉（『いか

りや長介という生き方』)
二人は変わらぬ師弟関係にある。だが、すでに二人はライバルでもあった。志村はいかりやと葛藤しながら、自立への道を歩みはじめる。志村を待ち受けているのは、「喜劇王」という名の、孤独で果てしない荒野だった。

第六章　志村けん「喜劇王」への道

それぞれの道

タバコの煙で充満した部屋のなかを時折り乾いた咳払いの声が響く。会議用テーブルが中央に置かれ、ディレクターや構成作家ら十数人の男たちが周りを取り囲んでいた。彼らは時々、部屋の片隅に寝転んでいる志村に目を向ける。床に敷かれた畳の上で、志村はヘッドホンで音楽を聴きながら目をつむっていた。彼がその姿勢になってから、もう二時間以上が経過していた。

一九八七年十一月にスタートした『志村けんのだいじょうぶだぁ』（月曜夜八時～八時五十四分）は、毎週月曜日午後三時からネタ会議が行われる。場所は新宿区河田《かわだ》町にあるフジテレビのリハーサル室だった。作家が事前に用意した台本はまず採用されない。志村が長考に入ると、ピリピリと張り詰めた時間だけがゆっくりと流れていった。『だいじょうぶだぁ』では志村にすべての決定権があるため、スタッフは辛抱強く待つしかなかった。ディレクターの川口誠《かわぐちまこと》は、「言ってみればこの番組、〝作・構成・演出、志村けん〟ですからね」と語る（『AERA』一九八八年六月二十八日号）。『全員集合』の現場を知る者は誰もが、寝転んでいる志村を見て同じことを思った。いかりやにそっくりだ、と。

ドリフを離れて独り立ちした志村は、いつしか師と同じ道を歩んでいた。だが、志村がそれを自覚するのはまだ先のことだ。この時点では、むしろ憎しみの方が大きかったかもしれない。『全員集合』が終わってからの二十年、いかりやと志村の間には愛と憎しみの時間が流れていく。

一九八六年一月、『加トちゃんケンちゃんごきげんテレビ』がスタートする直前に、志村は次のように語っていた。「ドラマの話もあるけど、まだやりたくないなあ。コントが好きだから。まあ5年後にボク主演のドラマができれば…」（『週刊TVガイド』一九八六年一月十七日号）。動きで笑わせるコメディアンにとって、俳優への転身は王道だった。ドリフの先輩格であるハナ肇や植木等は、性格俳優としてすでに高い評価を得ている。志村にしても当面の間はコントに専念するが、この時点で俳優への道をまったく除外していたわけではなかった。

『全員集合』の最終回とともに、ドリフは青春の終わりを迎えた。彼らは今後も月一回の『ドリフ大爆笑』と年数回の『ドリフと女優の爆笑劇場』に出演し、コメディアンとしての活動を続けていく。だが、新生ドリフが誕生してからの二十年間、グループとして行動をともにしてきた濃密な時間が終わる。これまではいかりやが対外的な交渉をすべて行い、四人は笑わせることだけを考えてきた。言ってみれば、いかりやという親の保護下での青春である。仲本はグループから離れたとき、「あまりにも何も知らなかった自分に愕然としました」と語る。「青春が長すぎました。全員集合を卒業して、個人で活動しようというときに初めて、僕は社会人になったんです」（『Pumpkin』二〇〇二年七月号）。

久しぶりに仕事のない土曜日、いかりやはのんびり街を歩いている自分に違和感を覚えた。毎週生放送の緊張感から解き放たれ、メンバーはしばし思い思いの時間を過ごす。いかりやは気が緩んだからか、とたんに食欲がわき、少し太った。加藤は二ヶ月間、毎晩のように銀座に通い、総額二千万円を飲み代に使った。高木は家族と団欒《だんらん》の時間をもち、毎朝、妻とお揃いのトレーナーを着て、江戸川公園まで散歩に出かけた。

メンバーの俳優への転身は、最初から順調だったわけではない。いかりやは何本かのドラマに出演後、優柔不断な状態に陥った。オファーがあっても、はたして自分にできるのか、何よりドリフのメンバーに示しがつくのかをつい考えてしまう。リーダーとしてみっともない仕事はできないという思いからだった（『婦人倶楽部』一九八七年四月号）。

そんななか、一九八七年のＮＨＫ大河ドラマ『独眼竜政宗《どくがんりゅうまさむね》』への出演が決まった。演じる役は無骨で実直な伊達家の老臣・鬼庭左《おににわさ》月《げつ》で、いかりやのキャラクターを活かした配役である。演出の吉村芳之《よしむらよしゆき》によれば、いかりやはガチガチに緊張しており、決められたセリフを言うだけで精一杯だったという。それでも懸命に役になりきる努力を重ね、芝居がどんどん良くなっていった（『ＨＢ』二〇〇一年十二月号）。いかりやはもともと自分の出演番組を見なかったが、演技に関してはビデオを繰り返しチェックして研究した。いかりやが役者として開花するのは、もう少し先である。

仲本はドラマに出演しながら、三年くらいかけて勉強するつもりで様々な場所に足を運んだ。映画やコンサートのほか、歌舞伎や文楽、新劇、新派、宝塚などあらゆる芝居を見てまわった。その甲斐もあり、高橋英樹《たかはしひでき》主演のドラマ『遠山の金さんⅡ』に出演した縁で舞台にも呼ばれ、その後もドラマや舞台のバイプレイヤーとして地道に活動を続けていく。

役者として最も異色のスタートを切ったのは、高木だった。一九八六年春、別役実《べつやくみのる》作品を上演する「かたつむりの会」から二人芝居への出演依頼が舞い込んだ。作品は『求むな、されど与えられん』、街はずれのバス停でバスを待つ男女による不条理演劇だった。高木は分厚い台本を手に、膨大なセリフを悪戦苦闘しながら必死に練習した。彼はそのときの苦労を次のように記している。

〈稽古は一日三、四時間ずつ四十日間。一字一句、脳ミソに刻み込まなければならない。この間、八十キロあった体重が七十キロまで減った。いかりや長介が心配して電話をかけてきて、「バカヤロウ、台本《ホン》を持ってすぐ来い」と、朝まで一緒に科白合わせをしてくれた。〉（『中央公論』一九八七年九月号）

　これまで毎週千人を超える観客を前にしていた高木は、収容人数わずか百数十人の渋谷ジァン・ジァンの舞台に立った。別役から「たたずまいに生活感がある」と言われ、翌年も続けて『トイレはこちら』に出演している。高木はその後も舞台の仕事が続き、一時はこのまま新劇俳優になるのかと思っていた。

　加藤には『全員集合』終了後からすぐに多数のオファーが寄せられ、翌年四月からはじまるＮＨＫの新大型時代劇『武蔵坊弁慶』への出演が決まった。当時は大河ドラマが近現代路線を打ち出していたため、「新大型時代劇」が大河ドラマに代わる長編時代劇として水曜夜八時から放送されていた。主演の武蔵坊弁慶は中村吉右衛門《なかむらきちえもん》、加藤は傀儡《くぐつ》の徳を演じた。徳はコミカルな面もありつつ、ライバル視する弁慶のために悲しい最期を遂げる。

四人がそれぞれ役者としての第一歩を踏み出すなか、志村はオファーをすべて断った。しばらくはコントに全力を注ぐつもりだ。師であるいかりやがいなくても自分が通用するのか、志村は今まさに勝負の時を迎えていた。

『加トケン』と『だいじょうぶだぁ』

　いかりやは晩年の自伝のなかで、今にいたるまで『全員集合』の後継番組がどのようにして決まったかを知らないと記している。新番組の構想は一年以上前から水面下で進んでいた。プロデューサーをはじめ、『全員集合』から継続するスタッフも多い。いかりやは木曜会議の雰囲気から薄々気づいてはいたが、何も聞かされていなかった。雑誌では加藤と志村を中心にした新番組の噂が報じられていたものの、『全員集合』が最終回を迎えてなお、ＴＢＳは今後の予定を「白紙」とコメントしている。

　十月から三ヶ月間、ＴＢＳは土曜八時に『全員集合』の総集編を放送し、十二月に入ってようやく、『加トちゃんケンちゃんごきげんテレビ』（以下『加トケン』）を翌年一月十一日からスタートさせると発表した。ドリフのリーダーに相談のないまま、『全員集合』はスムーズに『加トケン』に移行する。それがいかりやの視点から見た事実だった。

一方、企画段階から積極的に意見を言っていた志村にとって、『全員集合』は目の前に立ちはだかる巨大な壁だった。これまでの加藤と志村の人気は、あくまでもドリフの一員としての人気である。もし二人の番組が失敗すれば、個人のコメディアンとしてはつまらないとの烙印《らくいん》を押されてしまう。視聴者は必ず『全員集合』と比べてくる。だから志村は、『ひょうきん族』よりも『全員集合』を強く意識していた。『全員集合』におけるいかりやの役割を考えれば、それはつまりいかりやを意識していたということだ。志村にとって『加トケン』は、初めての師弟対決の場だったのではないか。

番組の流れは『全員集合』と同じだった。前半で三十分ほどのコントを披露し、後半に「おもしろビデオコーナー」やゲストとのショートコントをもってくる。「おもしろビデオコーナー」は視聴者から投稿されたビデオを紹介する企画で、まだ家庭用ビデオカメラが普及していないなか、志村が反対を押し切って実現した。結果的に、このコーナーは人気を呼び、多くの類似番組が生まれ、さらには企画のフォーマットが海外にも販売された。一部では「YouTubeの元祖」とも言われるように、志村の先見性の証しと評されている。

とはいえ、「おもしろビデオコーナー」の人気は志村の本意ではなかった。志村が全力を注いだのは前半コントの「探偵物語」である。「探偵物語」は加藤と志村が私立探偵に扮し、毎回事件に巻き込まれるドラマ仕立てのコントだった。タイトルは松田《まつだ》優作《ゆうさく》の主演ドラマを意識している。また、ゲストに丹波哲郎や若山富三郎《わかやまとみさぶろう》、芦田《あしだ》伸介《しんすけ》らの大物俳優が出演して話題を呼んだ。

『全員集合』との最大の違いは、公開収録ではなくスタジオ収録にし、屋外ロケも積極的に取り入れたことだ。スタジオ収録は『ドリフ大爆笑』などで経験済みだが、ロケを多用したコントは初めてだった。木曜日の午後三時からネタ会議、金曜日は朝からロケとリハーサル、土曜日にスタジオ収録が行われた。アドリブやハプニングに頼らず、つくり込んでいく姿勢は『全員集合』と同じである。

その頃から志村は、邦画洋画を問わず大量のビデオを鑑賞し、照明やカメラワークの研究を積み重ねた。志村はコントの内容だけでなく技術面についてもスタッフと話し合い、凝った映像をつくり込んでいく。プロデューサーの高橋利明は次のように語った。

〈幸運なことに『加トケン』が始まったころから、新作旧作を含め映画が次々にビデオ発売されたので、それを観て研究しました。カメラの位置、カットの割り方、画のつなぎ方、時にはスロー再生して1コマずつ観たりとか。そうして得た研究成果を「探偵物語」の撮影に活かしたわけですね。〉（『映画秘宝』二〇一三年二月号）

世はまさにバブルの時代である。志村のイメージを具現化するために、今では考えられない巨額の制作費が投じられた。二人を追いかけるヤクザ役のエキストラを三百人集めたり、渋滞のコントのために百台の車を用意したりしている。おそらく一九九〇年代前半までが、志村が純粋に理想を追求できた時代だろう。

舞台の笑いに徹した『全員集合』に対して、『加トケン』は映像の笑いに挑んだ。両者を比較してみよう。『全員集合』は恐怖の表現のために歌舞伎の技法を応用し、『加トケン』はトリック撮影を駆使して、ホラー映画のような映像をつくり上げた。『全員集合』は舞台上で車を飛ばし、『加トケン』は十数台の車を壊すほど激しいカーチェイスを繰り広げ、最後はヘリまで登場させた。『加トケン』は潤沢な予算と最新技術を使い、映像表現によって『全員集合』を凌駕《りょうが》していく。

『加トケン』の初回視聴率は二一・七％だった。『ひょうきん族』が二三・七％なので善戦である。『加トケン』は半年間、数％の差で『ひょうきん族』の背後にピタリとつけ、同年七月十二日に逆転した。そのときの視聴率は、『加トケン』が二〇・二％、『ひょうきん族』が一八・〇%だった（『ザ・テレビジョン』一九八七年六月二十六日号）。それ以降、『加トケン』が優位な戦いを続けていく。そして一九八九年十月十四日、『ひょうきん族』が最終回を迎え、『加トケン』は見事『全員集合』の仇討ちを果たした。

志村がドリフを離れて完全に独り立ちするのは、一九八六年四月にはじまった『志村けんのバカ殿様』からである。『バカ殿様』はフジテレビ『月曜ドラマランド』の枠で放送され、初回に同枠史上最高の二六・六%を記録した。バカ殿のキャラクターはすでに『全員集合』や『ドリフ大爆笑』にも登場しており、その際はいかりやが家老役を務めている。特番では家老役に東八郎、側用人《そばようにん》役に田《た》代《しろ》まさしが起用された。

『バカ殿様』の人気をみて、テレビ局は志村単独でも視聴率が取れると確信したのだろう。同年十月の改編期にむけて、志村には各局から七、八十本の企画書が持ち込まれている。最終的に志村を獲得したのは日本テレビだった（『週刊宝石』一九八六年八月十五日号）。だが、十月にスタートした『志村けんの失礼しまぁーす！』は、お婆ちゃんに扮した志村が全国の家庭を訪問する内容で、コント番組ではなかった。同番組が一年で終了して以降、志村は自らの活動をコントへと限定していく。

一九八七年十一月、いよいよフジテレビで『だいじょうぶだぁ』が誕生した。「だいじょうぶだぁ」のフレーズはもともと『加トケン』で生まれた「だいじょうぶだぁ教」が元祖である。志村が教祖になり、三叉の団扇《うちわ》太鼓を叩きながら「だぁーいじょーぶだぁー」と唱え、子どもたちの間で大流行していた。その流行語がテレビ局の枠を越えた。

『だいじょうぶだぁ』は『加トケン』との差別化のために、ショートコントを主体に構成された。また、レギュラーメンバーにプロのコメディアンではなく、ミュージシャンの田代まさしやアイドルの石野《いしの》陽子《ようこ》らが選ばれている。この体制では、志村が誰にも遠慮せず自由にできる反面、番組の全責任を負わなければならない。

このとき志村は『だいじょうぶだぁ』のリーダーとして、『全員集合』におけるいかりやと同じ立場に立ったのだ。

いかりや長介と志村けん

リーダーとなった志村は、いかりやと同じスタイルで番組づくりを行った。そしてしっかりと結果を出した。『加トケン』と『だいじょうぶだぁ』はともに二〇%超の視聴率を獲得し、志村の笑いが確実に支持されていた。週二本のレギュラー番組にくわえて、月一回の『ドリフ大爆笑』と年数回の『バカ殿様』、全部コント番組だ。志村は取材でライバルについて聞かれたとき、「いない」と即答し、次のように言い切っている。「僕はドタバタ・コントをやりたいんです。ドラマや司会は、出たくないんです」（『ＡＥＲＡ』一九八八年六月二十八日号）。

志村はコント一本でやっていく決意を固めた。『だいじょうぶだぁ』の成功によって、演者としてだけでなく、作家や演出家としても自信を深めたのだろう。以後、志村は自分と同格以上のコメディアンと共演する機会が減っていった。一九八八年に『バカ殿様』の家老役だった東八郎が早逝した際には、代役として伊東四朗や由利徹の名が候補にあがった。だが、志村によれば、「そうなるとオレが萎縮して好きなことできなくなりそう」という理由で、桑野《くわの》信義《のぶよし》を家臣から昇格させた（『ザ・テレビジョン』一九九〇年七月二十七日号）。志村は自らが信じる笑いの世界をつくるために、ワンマン体制を敷いた。

その結果として、志村がドリフから離れていく。すでにドリフは地方営業がなくなり、五人で活動する場は『ドリフ大爆笑』に限られていた。『全員集合』終了後も、「もしものコーナー」などで五人は一緒にコントを演じている。だが、一九八八年頃にいかりやと志村の共演するコントが番組から消えた。事の経緯については関係者による次の証言がある。

〈「志村が」〝いかりやさんとは一緒にやれない〟〝番組を降りる〟とまで言い出して収録

をボイコットすることもあった。慌てたスタッフが折衷案を出して、いかりやさん、仲本さん、高木さんの3人と、志村さんと加藤さんの2人でコントをするという具合に、メンバーを完全に分けて撮るように〉（『週刊女性』二〇二〇年五月五日号）

　いかりやと志村はリハーサルも収録も別日に行い、互いに顔を合わせることがなくなった。同じ番組に出演しながら「共演ＮＧ」という異常事態だった。

　だが、二人はけっして別々の方向を向いていたわけではない。むしろ志村こそが、いかりやの思想や方法論を真に継承していた。それぞれの著書やインタビューを読み比べると、二人が同じことを言っているとよく分かる。

　目指す笑いは動きを主にしたドタバタ・ナンセンスであり、ベースに音楽があった。コントは自分が見たり聞いたりしたものから発想する。想像もつかないような設定はできないと語り、いかりやはＳＦが、志村はマンガやアニメが苦手だった。リアルな設定を重視しているから、美術や衣装に関しては本物志向だ。『全員集合』の時代劇コントで、いかりやは紙でつくったぼて鬘《かづら》ではなく、本物のカツラを要求し、着付けも本格的な時代劇と同じにさせた。一方、志村も『だいじょうぶだぁ』のとき、昔の農家のセットをみて、かまどに盛り塩を置くよう指示するなど、画面に映らないところにまでリアルを求めた。

二人は普遍的な笑いの存在を信じて疑わなかった。だから、ドリフが子ども向けだと言われると強く反発した。彼らは子どもから大人、若者から年寄りまで誰にでも分かる笑いを真摯に追求してきた。いかりやはともかく、笑いが細分化する時代を生きた志村の世代において、そのスタンスは特異に見える。だが、志村は活動の拠点を深夜番組に移してからも、その思想を手放さなかった。それはやはり、志村のなかに『全員集合』の記憶が刷り込まれているからだろう。

加藤や居作が語るように、二人はよく似ているのだ。いかりやは志村の才能を認めているし、志村も自分がドリフの路線を歩んでいると自覚していた。だからこそ、互いに譲りあえずにぶつかってしまう。傍からは、愛憎のもつれが二人を遠ざけたように見える。

いかりやと志村の対立は解消されないまま、月日が流れた。一九九一年には、志村が雑誌のインタビューで、いかりやを表立って批判している。

〈志村　自慢じゃないけど、いかりやさんと二年以上会ってませんからね。

――『ドリフの《ママ》大爆笑』はどうやって録画しているんですか。

志村　リハーサルも撮りも別なんですよ。こんなこと言っちゃうと失礼だけど、僕は今のいかりやさんが面白いと思わない。だけどそれが面白いっていう人が何人かいるんですか

らね、分からないですけど。コントは今一緒に出来ないでしょうね。〉（『Switch』一九九一年十一月号）

そのインタビューでは萩本についても批判し、『加トケン』の裏番組に出演しているウッチャンナンチャンを「はっきりしたコントをやっていませんからね、対象にはならないと自分ではそう思ってますよ」と語っている。志村は自信に満ちあふれていた。そのような状況では、ドリフの五人が一緒にコントをすることなど、二度とないように思われた。

だが、その機会は意外に早く訪れる。

最愛の妻の死

『独眼竜政宗』に出演していたいかりやは、俳優に転向するのかと問われ、次のように答えた。「いやいや、僕はいつまでたってもコメディアンだと思ってますから。これでもまた新たなお笑いを模索中なんですよ」（『週刊平凡』一九八七年一月十三日号）。

いかりやはこのとき五十五歳だった。笑いの仕事が減ったとはいえ、その歳で月一回のコント番組に出演し、新作コントをつくっている者などそうはいない。いかりやが現役コメディアンとしての自負をもつのは当然だ。

この頃から『ドリフ大爆笑』では、いかりやと仲本の二人で「ばか兄弟」のコーナーをはじめた。普段ツッコミ役のいかりやが、仲本の質問に対してひたすらボケ続ける。仲本によれば、「あのコントが一番難しかった」という。まずテーマを決め、二人でネタを掘り下げていくから、稽古にも時間がかかった。仲本は、「新聞見たり資料見たりして拾っていくから、けっこう作り方もネタも現代的だったよね」と語る（『文春オンライン』）。新たな笑いを模索するといういかりやの発言に嘘はなかった。

だが、役者としてもコメディアンとしても新境地を開拓している最中、いかりやを突如として不幸が襲う。一九八八年三月、妻の恵津子が体調を崩し、精密検査の結果、膠原病の一種である全身性エリテマトーデスと診断された。この病気は全身の臓器に炎症を引き起こす自己免疫疾患で、原因が分かっておらず、国の難病に指定されている。完治は難しく、薬によって症状をコントロールしていくしかない。恵津子は五ヶ月間の入院を経て、自宅での闘病生活に入った。

それまで家族のために尽くしてきた恵津子は、身体が思うように動かず、いたたまれない思いだった。薬の副作用もあり、これまで弱音を吐かなかった恵津子が愚痴をこぼすようになる。夫婦の会話は病気の相談ばかりで、毎日が不安でたまらなかった。いかりやは酒を控え、互いに励ましあう日々を過ごした。

一九八九年二月十四日、発病からまもなく一年が経とうとしていた。夜になっていかりやが仕事から戻ると、恵津子の姿が見当たらない。家中を探しても見つからず、思いつく先に電話しても無駄だった。朝になっても連絡がないため、警察に捜索願を出そうか考えていたとき、庭で倒れている恵津子を発見した。すぐに救急車で病院に運び込まれ、集中治療室で心臓マッサージが長時間行われたが、意識は戻らなかった。いかりやは医師に「ありがとうございました。もう結構です」と伝え、医師から臨終が告げられた。息子の浩一によれば、「司法解剖では、母の胃袋から多量のアルコールと複数の誘眠剤が検出された」という。遺書はなかった（『いかりや長介という生き方』）。

通夜と告別式が慌ただしく行われ、荒井を含めドリフのメンバー全員が駆けつけた。いかりやは妻の病気について、メンバーに何も話していなかった。仲本は取材に対して、次のように語っている。「以前は、笑いも大きかった。ところが最近は、一緒に仕事しても、何もいわなくなってね…何かあるなとは思ってたんですが…心配をかけさせたくないと思ったんでしょう」（『微笑』一九八九年三月十一日号）。

告別式の日は冷たい雨が降っていた。いかりやは声をつまらせながら挨拶をした（『F

LASH』一九八九年三月七日号）。

「いい女でした。ホレてました……。コメディアンの妻になろうとして、終始、自分なりに思考してきた女でした。10年という短い夫婦生活でしたが、非常に幸せでした。ひとことだけ……病いを憎みます」

　いかりやはその日から毎晩酒を飲んだ。浩一は後年、その頃の父の姿を次のように振り返っている。

〈仕事も休み、父は1か月くらい自宅に引きこもってリビングでごろごろしていました。お客さんが線香をあげてくれるんですが、さして話もせずにずっとあびるように酒を飲むだけです。ため息をついては〝まいった…〟〝ばかやろう〟などとつぶやくばかり。父はもう50代半ばをすぎていましたし、本当に壊れてしまったようにみえました〉（『女性セブン』二〇〇六年三月二十三日号）

　それでも、二ヶ月後の四月十一日にはいつも通り『ドリフ大爆笑』が放送された。収録は三月だろう。いかりやは普段と変わらぬ姿でコントを演じていた。

再びの「全員集合」

再度お笑い世代論の枠組みを借りると、ドリフが第一世代を代表する一方で、志村は年齢だけをみれば第二世代に属している。だが、タモリ、たけし、さんまといった第二世代の芸人が様々な番組で共演していたのに対して、志村は孤独だった。彼らとは笑わせ方が違うという意識が志村のなかにあり、また、そもそも週二本のレギュラー番組で手一杯だった。そして、ことコント番組に限れば、志村だけが勝ち残る。『ひょうきん族』の勢いが衰えた一九八〇年代後半以降、志村が一時的に独走状態だった。

志村の地位を脅かしたのは、まもなく登場する第三世代である。一九八八年十月、深夜二時台の関東ローカル枠で『夢で逢えたら』がスタートした。出演者はダウンタウン、ウッチャンナンチャン、野沢直子《のざわなおこ》、清水《しみず》ミチコの六人で、全員二十代だ。半年後に夜十一時台の全国ネットに昇格した際には、アートをテーマに掲げ、オープニング曲にサザンオールスターズを起用し、おしゃれでスタイリッシュな番組は若者から絶大な支持を受けた。一九九〇年代には笑いの細分化がさらに進展し、彼らが若い世代のカリスマになっていく。

一九九〇年、志村は絶頂期のなかで四十歳を迎えていた。同年十月、フジテレビの土曜八時に『ウッチャンナンチャンのやるならやらねば！』（以下『やるやら』）がはじまった。

『ひょうきん族』を打ち破った『加トケン』にウッチャンナンチャンが挑む。それは、一九六九年にドリフとコント55号の間で戦端が開かれて以来、断続的に二十年以上続いてきた「土8戦争」の最終戦だった。

もともと映画監督志望だった内村光良《うちむらてるよし》は、数々の映画やドラマをパロディにしながら、徹底的にコントをつくり込んでいった。そのためのセットにも予算をつぎ込み、『スター・ウォーズ』のパロディでは、戦闘員のコスチュームからライトセーバーにいたるまでを忠実に再現している。つくり込んだコントという点において、『やるやら』は『加トケン』に対して真正面から勝負を挑んでいた。

結果は、『やるやら』が三ヶ月で『加トケン』を追い抜いた。その後も差を広げ、『加トケン』は一九九二年三月に約六年の歴史を閉じ、リニューアルに追い込まれる。だが、新番組の『ＫＡＴＯ＆ＫＥＮテレビバスターズ』は半年で打ち切りになり、ついにＴＢＳの土曜八時からドリフが姿を消した。

一九九二年から九三年にかけて、志村を取り巻く環境の潮目が変わる。『だいじょうぶだぁ』の視聴率までも低迷し、志村は苛立っていた。『週刊文春』で志村に関する連載を著した西崎伸彦《にしざきのぶひこ》は、番組関係者から得た証言を記している。飲食の場において、志村はキャスティングを担当するスタッフに声を荒げた。
〈志村さんは数字がとれる女優のブッキングを迫り、『相手の事務所に行って土下座してでも連れて来い』と詰めていました。そして『誰のお陰で食えているんだ』という言葉を浴びせかけたのです。その後、担当者は番組を去って行きました〉（『週刊文春』二〇二〇年九月三日号）
『だいじょうぶだぁ』は一九九三年九月に終了した。志村はわずか一年の間に、心血を注いできた番組を立て続けに失った。フジテレビは後継番組として『志村けんはいかがでしょう』を用意したが、当初は水曜夜七時三十分からの三十分番組だった。傍からみて、志村の凋落はあきらかだ。

そんな転換点の只中に、ドリフの五人が久々に勢揃いしている。一九九三年四月二十日、『ドリフ大爆笑』は「10,000コントからドリフが選んだベストコント」と銘打ち、五人がスタジオで過去のＶＴＲを見ながらトークを行った。番組の司会は愛川欽也《あいかわきんや》と小島奈津子《こじまなつこ》が務めている。トークだけとはいえ、いかりやと志村の共演は約五年ぶりだった。

そのとき十三歳の私は、ドキドキしながらテレビを見ていた記憶がある。いかりやと志村の確執は、地方の中学生ですら知っていたのだ。メンバー同士の会話はどこかよそよそしいが、高木をいじる瞬間だけは、みなが和気あいあいとしていた。愛川は時々、不仲説を笑いにするようなことを言いながらも、ドリフにエールを送っていた。

「ドリフのしつこいコント好きだよ。昔のしつこいのがこの頃、ちょっとないんだよね。また、みんなでやってくれよ」

五人のコントが実現するのはそれから一年後だった。一九九四年六月二十八日、『ドリフ大爆笑』のオープニングで、いかりやがソファーに座って挨拶をしていると、軍服を着て銃を抱えた加藤が紛れ込む。いかりやがヘルメットをかぶり、セットから出ると、そこは戦場という設定だ。スタジオのなかの何もない空間に照明だけが当たっている。いかりやがメガホン片手に中央に立ち、満を持して叫んだ。

「全員集合！」

四人が登場して一列に並び、点呼のコントがはじまった。点呼のコントはドリフを結成してから何度も繰り返してきた、彼らの原点だった。

志村けん死亡説

ドリフの笑いはチームワークから生み出される。『全員集合』時代は、五人が常に行動をともにすることで、互いの間や呼吸が自然と揃っていた。志村も自著のなかで、グループの笑いは普段から仲良くなければできないと語る。だが、今はそれぞれがバラバラに活動していた。いかりや対四人という堅固な構図も揺らぎつつある。それまでは志村が、圧倒的な強者であるいかりやに「怒っちゃやーよ」と反抗して笑いを生んだが、『全員集合』終了からの十年間で志村の存在が大きくなりすぎた。メンバー間のバランスが崩れ、久しぶりのコントはぎこちなさが否めない。いかりやの志村に対するツッコミは遠慮がちで、反抗する志村の言い方や表情にはどこか険がある。

そのなかで、いつも通り振舞っていたのが加藤だった。加藤は自由にボケながら、いかりやにも志村にも遠慮なくツッコむ。何より加藤は五人のコントを楽しんでいるように見え、その姿が全体の雰囲気を中和していた。一九九〇年代のドリフのコントは、加藤の存在が扇の要だったと思う。

次回の『ドリフ大爆笑』からは、「視聴者リクエスト・コント」と題して、五人の傑作コントをリメイクしていった。五人がソファーに座ってリクエストハガキを紹介する場面もあり、素に近いやり取りは多少の緊張感を残すものの、コントで役を演じると全員が生き生きしている。初回は早速、「威勢のいい風呂屋」が選ばれ、不仲の噂を吹き飛ばすようなチームワークの笑いを見せた。

　だが、いかりやと志村の関係が完全に雪解けするまでには、まだ時間を要した。「リクエスト・コント」にくわえ、「少年少女合唱隊」を復活させたとき、志村だけが欠席している。のちのインタビューによれば、「そこまで過去の栄光にすがることはない」と考え、出演しなかったという（『週刊アサヒ芸能』一九九八年一月八日号）。「少年少女合唱隊」はレギュラー化され、途中から出演者が名札をつけるようになると、後方のエキストラの一人が「志村」の名札をつけた。それがかえって志村の不在を印象づけた。

　傑作コントの再演が一通り終わると、今度は『全員集合』の前半コントをリメイクした。生放送ではないが、スタジオに客を入れて公開コント形式での収録だ。一九九五年十一月、初回は「ドリフの剣の修業だ全員集合!!」、道場を舞台にしたセットに師範のいかりやが登場し、「オイッス！」と叫ぶ。スタジオ観覧のため子どもがいないせいか、客席からの「オイッス！」は少し控えめだ。続いて四人が登場し、ドリフの得意な音楽や仕掛けをつかったギャグを繰り広げ、最後は天井から巨大な竹刀が落下してオチを迎える。

『全員集合』の最終回から十年の月日が流れ、いかりやは六十四歳、志村は四十五歳になっていた。『全員集合』に比べると、舞台は狭く、美術も山田満郎には到底及ばないが、

『全員集合』に間に合わなかった私たちの世代には、舞台のコントが新鮮に映った。公開コントはその後、忍者や相撲、サラリーマンなどの設定で行われ、回を重ねるうちに客席のボルテージも上がっていく。

一方、同時期に放送されていた志村の冠番組は、いっこうに復調の兆しが見えなかった。視聴率は低迷し、リニューアルを繰り返す。一九九六年九月、『けんちゃんのオーマイゴッド！』が終了し、ついに志村がゴールデンタイムから姿を消した。十月からの後継番組『Shimura X』は深夜帯の関東ローカル枠だった。その時点での志村は、他の番組へのゲスト出演をしていなかったため、全国の人々が志村を見るのは『ドリフ大爆笑』と『バカ殿様』だけになる。

そのタイミングで、突如として志村けん死亡説が日本中を駆けめぐった。一九九六年九月に入院先の栃木県立がんセンターで死亡し、遺言により四十九日法要が終わるまで公表されないなど、かなり具体的な内容だ。所属事務所にも情報が入り、志村には弟子から直接その噂が伝えられた。志村の第一声は「えっ、俺、死んじゃったの？」だった（乾き亭げそ太郎『我が師・志村けん』）。

死亡説が流れた後、私が最初に志村の姿をテレビで見たのは、十月二十九日放送の『ドリフ大爆笑』だった。すでにデマだと報道されていたが、やはり自分の目で確認したかった。テレビでは生前に収録したものを放送しているとの噂があり、コントを見ただけでは不安が残った。ようやく安心できたのは、公開コントのなかで加藤が「あっ、知ってる？志村けんが死んだってよ」と言って、志村がコケたときである。

　翌年から志村はゲスト出演を解禁し、苦手なトーク番組にも出はじめた。死亡説の流布が、なにがしか影響しているのだろう。当初は必ず何かのキャラクターに扮しての出演で、一九九七年正月の『さんまのまんま』にはバカ殿の扮装をし、駕籠《かご》に乗って登場した。志村はどの番組でも大物ゲストとして歓迎され、タモリやたけしとの絡みには希少価値があった。また、ナインティナインやKinKi Kidsがファンを公言し、テレビで「アイーン」を連発した。志村自身が過去に「アイーン」と言ったことはなかったが、岡村《おかむら》隆史《たかし》が志村のポーズに「アイーン」の擬音をつけて流行らせたのだ。女子中高生からは「シムケン」の愛称で呼ばれ、一九九八年にはマスコミがその人気を「シムケン現象」と評している。

　志村は一時の低迷を脱した。だが、本人はそのブームを冷静な目で見つめていた。自分の力が発揮できるのはあくまでもコントである。志村は思う存分、コントができる場所を渇望していた。一九九八年初頭には、自らの心情を正直に吐露している。

〈今はレギュラーは深夜の「志村XYZ」（フジ）と土曜昼「C^{2}HAKEN―TV」（フジ）しかないけど、これは寂しいことなんだ。お笑いはゴールデンタイムでやらなきゃダメ。夜中の番組だと自分のやりたいことの半分もできない。それで欲求不満がたまってムカムカする。〉（『週刊アサヒ芸能』一九九八年一月八日号）

深夜番組では予算の制約があり、セットは一つが限界だった。『加トケン』や『だいじょうぶだぁ』が一、二分のコントのためにセットを組んでいたのだから、状況はあまりにも違う。とはいえ、ゴールデンへのこだわりは、予算の問題よりも志村の思想に関わる。志村は、地域、年齢、階層を越えた普遍的な笑いを志向していた。そのためには、自身の番組は全国どの地域でも、子どもから大人までが見られる時間帯でなければならないのだ。

志村が目標に掲げていたゴールデンでのコント番組の復活は、まもなく実現する。一九九八年十月、テレビ東京で『集まれ！ナンデモ笑学校』（金曜夜七時〜七時五十四分）がスタートした。テレビ東京にはコント番組を制作するノウハウがなく、潤沢な予算もないなか、志村はスタッフを教育しながら奮闘している。だが、視聴率は低迷し、結局は消化不良のまま、半年後に打ち切りになった。

志村にとって、ゴールデンにおけるコントのレギュラー番組は、これが最後だった。

最後の六人ドリフ

今なお続いている『ドリフ大爆笑』は、ドリフのホームともいえる番組だ。それぞれがソロで活動していても、この番組が続いているからこそ、彼らは現役グループとしての存在感を発揮できる。だが、新作コントの制作は、一九九八年四月十六日の放送回が最後だった。以降は総集編のみの放送となり、五人が定期的に顔を揃える機会もなくなった。

一九九四年から再開した五人のコントも四年で終わる。その間、コントを一緒につくることで、いかりやと志村のわだかまりは、随分と解消されたのではないか。少なくとも一視聴者からはそう見えた。終わり頃になると、志村が「少年少女合唱隊」にも出演するようになり、また、いかりやがコントの段取りを間違えたときの素の会話などは、互いにじゃれあっているように感じた。プライベートの関係は分からないが、舞台上では、ドリフのチームワークの笑いが健在だった。最後の公開コントは「御存知　母ちゃんと悪ガキだよ！全員集合」、奇しくも『全員集合』の最終回と同じ「かあちゃんコント」だった。

グループの活動休止と時を同じくして、メンバーの才能がそれぞれの場所で花開く。

一九九七年、いかりやはフジテレビのドラマ『踊る大捜査線』に和久《わく》平八郎《へいはちろう》役で出演し、翌年に公開された映画版は、観客動員七百万人の大ヒットを記録した。いかりやは愛妻の死を乗り越え、努力と経験を重ねて俳優として大きく成長していた。『踊る大捜査線』の本広克行《もとひろかつゆき》監督は撮影時のエピソードとして、スケジュールの都合でいかりやだけ別撮りになったシーンのことを次のように語っている。

〈青島刑事が刺されてパトカーとか救急車とかで騒然としているなかで、和久指導員が万感の思いを込めて血だらけの青島刑事に敬礼するシーンです。別撮りだから何もない風景を見ながらの一人芝居。いかりやさんは編集したシーンを見ながら、何度も「もう1回見せてくれ」とおっしゃって、気持ちを作っていって下さいました。

それで出てきた芝居が、泣いてはいないんだけど目に涙をためながらの敬礼で、「ウワーッ、凄い芝居だなあ」って感動しました。〉（『HB』二〇〇一年十二月号）

いかりやは同作品で日本アカデミー賞最優秀助演男優賞を受賞し、バイプレイヤーとして欠かせない存在になる。

加藤、仲本、高木の三人は、彼らの原点である音楽活動を再開した。『加トケン』が終了した翌年の一九九三年、加藤は仲本と元ドリフの小野ヤスシと一緒に「加トちゃんバンド」を結成している。彼らは各地でコンサートを開催し、ジャズ喫茶時代の音楽コントを披露した。コミック・バンドとしてのドリフの復活である。小野は旧《ふる》くから知る加藤について、「音楽一筋だったし、いまでもいちばん好きなのは音楽なんじゃないかなぁ」と語る（『ＦＬＡＳＨ』一九九三年十一月三十日号）。毎週のネタづくりに追われる日々から離れたとき、加藤の心に去来したのは音楽への思いだったのだろう。一九九九年には、加藤、仲本、高木の三人で「こぶ茶バンド」を結成し、全国をまわった。

　仲本と高木は、音楽コントのほかにもミュージシャンとして活動した。仲本は還暦を機に音楽をやろうと決意し、ライブハウスで定期的にソロライブを行っている。やるべきことを優先してきた仲本は、ようやくやりたいことを思う存分できる日々を送った。

　高木は一九九六年にドリフ加入前の仲間らと「高木ブーとニュー・ハロナ」を結成し、ウクレレ奏者としてステージに立った。ウクレレは十五歳のときに出会い、プロのミュージシャンを目指したきっかけである。高木はハワイアンのアルバムを次々に出し、日本にハワイアン＆ウクレレブームを引き起こした。一九九九年にはＮＨＫ教育テレビ『趣味悠々　高木ブーのいますぐ始めるウクレレ』に講師として出演している。

　いかりやもまたミュージシャンであり、メンバーの音楽活動を喜んでいただろう。高木はハワイアンを再開したときのエピソードを次のように語っている。

〈ハワイアンをやるのに白髪はないだろうと思って僕は茶髪にした。長さんは「ハワイアンだもんな。かっこいいほうがいいよ」と言ってくれた。こういうとき、長さんはけっしてからかわなかった。〉（『週刊朝日』二〇〇四年四月九日号）

メンバーが俳優や音楽に軸足を移していくなか、志村だけはコント一筋の姿勢を変えなかった。一九九九年には高倉健《たかくらけん》への憧れから映画『鉄道員《ぽっぽや》』に出演したものの、同時期にドラマ『古畑任三郎《ふるはたにんざぶろう》』の犯人役のオファーを断るなど、俳優への転身を拒んでいる。志村は自身に確固たる世界があるがゆえに、他人から演出されることを潔しとしなかった。

だが、その一方で、志村が思いきり自分の世界を表現できる場所が、失われつつあった。テレビ局は大掛かりなセットを使ったコントの制作に後ろ向きだ。志村はテレビを取り巻く環境の変化を悟り、次第にゴールデンへのこだわりを口にしなくなった。その代わりに抱いた夢が、大劇場での舞台公演である。志村は一九八九年から四年間、「だいじょうぶだぁファミリー」として舞台公演を行っていたが、劇場は収容人数が四百人弱の本多劇場など、スケールが小さかった。志村は『全員集合』時代に毎週、千人規模の舞台に立ち、正月とゴールデンウィークには二千人超の日劇と三千人超の国際劇場に出演していたのだ。ドリフの路線を継いだ志村の笑いは、やはり大劇場が相応《ふさわ》しい。

志村は理想の芝居として藤山寛美《ふじやまかんび》の名を挙げた。寛美は松竹新喜劇を率いて二百四十四ヶ月連続公演記録を樹立し、「喜劇王」と呼ばれた喜劇役者である。志村は公演を三本立てにし、一本を松竹新喜劇のような笑って泣ける芝居にしたいと構想していた。それこそが幅広い客層を喜ばせると考えたのだ。この頃から志村は、自らを喜劇人／喜劇役者としてより強く意識するようになったのではないか。さらにはその先をも見ていたのかもしれない。その先とは、現在空位の「喜劇王」である。

一九九九年十一月、別々に活動するドリフが久しぶりに集合した。富士フイルムの正月用CM「お正月を写そう」の撮影で、田中麗奈《たなかれな》とドリフが七福神に扮して出演する。七人には一人足りないため荒井注に出演を依頼したところ珍しく快諾し、貴重な六人ドリフが勢揃いした。CMは「ちょっとだけよ」や屋台崩しなど、『全員集合』をモチーフにしている。そのとき荒井は病に冒され、体調が悪そうだったが、「なんで医者にいってるのに、病気が治らないんだバカヤロー」と言って笑わせた（『週刊女性』二〇〇〇年四月十一日号）。帰り際、荒井は「みんなに元気をもらったよ」と言ってメンバーと別れている。

それから三ヶ月後の二〇〇〇年二月九日、荒井は静岡県伊東市にある自宅の風呂に入り、伊豆の海を眺めながら息を引き取った。七十一歳だった。

志村けんと小林一三

新世紀を迎えた二〇〇一年は、平成不況からいまだ抜け出せず、九月にアメリカ同時多発テロ事件が発生し、波乱の幕開けとなった。敗戦後の日本人が思い描いた、夢と希望に満ちあふれた二十一世紀は訪れなかった。そんな日本を元気づけるかのように、ドリフの五人が再び、同じ舞台に立つ。

二〇〇一年八月十一日、夏の紅白とも呼ばれるＮＨＫ『思い出のメロディー』にドリフが出演し、歌とコントを披露した。一曲目が終わると、いかりやが「久しぶりに会うんだから、全員揃ってるかどうか点呼をとる」と言って、恒例の点呼のコントがはじまった。メンバーが「また点呼かよ」とぼやくと、いかりやが一言「いいじゃねえかよ、あたしの趣味なんだからこれは」。いつもと変わらぬ、いかりや対四人の構図だ。ほかにも『全員集合』と同様のセットで学校コントとヒゲダンスも行われた。最後は『ドリフのビバノン音頭』が流れ、加藤の合いの手「また会おうね」で締めた。

その言葉通り、ドリフは大晦日の『第52回ＮＨＫ紅白歌合戦』に歌手として選出された。加藤の事故のために辞退してから三十年後の初出場だ。曲は『ドリフのほんとにほんとにご苦労さんスペシャル』と題したヒットメドレーで、『全員集合』のオープニングと同じ法被とハチマキ姿で歌う。最初にいかりやが力強く口上を述べた。

「日本のみなさん、今年はほんとに、ほんと〜に、ご苦労さま〜」

何でもない言葉だが、「日本のみなさん」と語りかけてこれほど似合うコメディアンがほかにいるだろうか。いかりやは高度経済成長期からの十六年間にわたり、毎週数百万、数千万の日本人に向かって叫んできた。そのいかりやが今一度、数千万人が見つめる舞台で語りかけているのだ。大袈裟かもしれないが、「ご苦労さま」は戦後を歩んできた日本人を労《いたわ》っているように聞こえる。いかりやはその後も映画やドラマで活躍するが、生放送の大舞台はこれが最後であり、その言葉は彼が日本人に直接伝えた最後のメッセージになった。ドリフの出演シーンは、『全員集合』の最盛期に近い五一・九％の視聴率を記録している。

二〇〇〇年前後の志村は、著書の出版やラジオのパーソナリティ、「ミニモニ。」（モーニング娘。の派生ユニット）とのコラボなど、以前より活動の幅を広げつつあった。だが、熱望していた大劇場での公演はなかなか実現しない。すでに志村のなかで構想が固まり、劇場は新橋演舞場や明治座を希望していた。対談やインタビューでも盛んに語り、その発言は芝居の中身だけでなく、興行法の改革にも及んだ。演劇研究の観点から言えば、志村の改革案は小林一三と同じである。

宝塚歌劇団や東宝を育てた興行師としての小林は、国民が広く共有できる「国民劇」樹立のために、興行改革の必要性を提唱した。また、実践するにあたっては、歌舞伎興行を独占しつつあった松竹を激しく批判している。

大正から昭和戦前期における松竹の歌舞伎興行は、開演時間が概ね昼過ぎから夕方四時の間、終演時間が夜十時ないし十一時だった。それでは、芝居見物が一部の上流階級や有閑階級のものに留まり、勤労に従事する幅広い国民の娯楽になり得ない。小林は仕事を終えてからも観劇できるように、夜六時に開演して上演時間の短縮を図った。

同時に、小林は観劇料の値下げも断行した。松竹の料金体系では高額すぎて家族揃って観劇できない。観劇料は月に一度、家族連れでも観に行けるように国民の生活水準に合わせるべきだと主張した。そのために「大劇場主義」を掲げ、客席数を増やすことで値下げを実現する。「国民劇」は国民／大衆が気軽に享受できる娯楽でなければならないのだ。

志村もまた、大衆のための演劇を理想としていた。志村が十八代目中村勘三郎《なかむらかんざぶろう》（当時勘九郎）と対談したとき、歌舞伎の料金が高いと意見している。「家族四人で行って、帰りに飯食ったら五万円かかってしまう。やっぱり四人で二万円ぐらいにしなきゃ、舞台する意味があんまりないと思う」（『person』二〇〇一年十二月号）。現在の歌舞伎興行は観劇料も含め、けっして大衆に開かれているとは言えない。志村は小林と同じ目線で歌舞伎を見ていた。

　志村は自らの舞台の客層として家族連れを想定していた。だが、今の興行システムではそれが難しい。志村は改善案を次のように語った。

〈現行での舞台というと、11時、4時の開演じゃない。やっぱり、最低夕方6時半スタートでないと。しかも、チケットが1万円とかするでしょ。それじゃ、家族4人で見に来るなんて無理に近い。セットにカネがかかるのは仕方ないけど、大衆演芸にするには、もっと値段を下げる工夫をしないとね〉（『ダカーポ』二〇〇一年九月十九日号）

　開演を遅くするのは、仕事の後でも間にあう時間にするためだ。ほかにも、休憩時間をなくして上演時間を短縮することも提案している。実際には、後年の志村の舞台でそのすべてが実現されたわけではない。だが、家族連れを中心に広く大衆に娯楽を提供するという理念は、志村と小林に共通していたのである。

　二〇〇三年、志村は沢田研二からオファーを受け、七月十九日から八月九日まで渋谷・

Bunkamuraシアターコクーンの舞台に立った。作品は久世光彦作・演出『沢田・志村の「さあ、殺せ！」』、二年前から沢田が久世と組んではじめた音楽劇の三作目だ。久世はTBSで『時間ですよ』や『寺内貫太郎一家』を手掛けた演出家で、自ら志願して『全員集合』を三度演出している。久世は『全員集合』のリハーサルを見て以来、いかりやを師と仰いでいた。また、沢田は『全員集合』時代から一緒にコントで共演してきた盟友だ。ドリフのコントをよく知る者たちが集った舞台は、「鏡のコント」をはじめ『全員集合』のギャグが随所で行われた。

　ある日の公演終わり、志村はスタッフから「今の回、いかりやさんが見に来てたよ」と聞かされた。気づいたスタッフが楽屋に案内しようとしたが、いかりやは断り、そのまま劇場を後にした。志村は「何で楽屋に来てくれないんだろう」と思ったという。いかりやは自分でチケットを用意し、志村に何も言わずに観にきていた。

　このとき、いかりやは五月に緊急入院し、七週間の闘病生活を経て、七月十七日に退院したばかりだった。病名は頸部《けいぶ》リンパ節ガン、発見されたときには医師から「残念ながら、最悪の状態です」と言われていた。

師匠と弟子

ドリフのメンバーは、詳しい病状を一切知らされていなかった。すでに病名はマスコミに公表されていたものの、いかりやは退院直後に『踊る大捜査線 THE MOVIE 2 レインボーブリッジを封鎖せよ！』の舞台挨拶に出席し、完治をアピールしていた。だが、実情はガンがステージⅣの段階にあり、放射線治療によって進行を遅らせるだけで精一杯だった。いかりやの声帯は放射線によって損傷し、ナレーションを務めていた番組の収録で声が出ないことがあり、しばらくして降板している。ガン細胞は顎にも転移し、十月からはカテーテルを通して抗ガン剤投与が開始された。いかりやは薬の副作用のため、口からものを食べられなくなり、胃に穴をあけて栄養剤を直接注入する器具を取りつけている。

十二月初旬、息子の浩一は医師から余命宣告を受けた。「早ければ三ヶ月、もって半年」。父には言えなかった。

そんななか、いかりやは生涯最後の仕事を行う。来年はドリフが四十周年を迎え、それを記念して十二月二十三日に『40年だよ!!ドリフ大爆笑』が放送される。その際、一九八三年から同じ映像を使っているオープニングとエンディングを一新することにしたのだ。五人揃っての仕事は『紅白』以来、二年ぶりである。節目とはいえ、撮り直すチャンスは過去にいくらでもあったはずで、やはりこのとき心に期するものがあったのだろう。

　十二月八日、メンバー全員がフジテレビの砧《きぬた》スタジオに集合した。いかりやは七月に退院したときの映像と比べても別人のように痩せこけ、声がほとんど出ていない。収録前、いかりやはメンバーを前にして、「悪い。俺、声出ないから、おまえら頼むな」と声をかけた（『週刊ポスト』二〇〇四年四月九日号）。

　放送では、一九八三年版に続けて新しいオープニングが披露された。一九八三年版では不機嫌そうに見えた加藤が、今回はとびきり楽しそうだ。テーマ曲『ドリフの大爆笑テーマ』（原作詞・岡本一平／作曲・飯田信夫）の歌詞「兄さん姉さんパパにママ　じいちゃんばあちゃんお孫さん　揃ったところで始めよう」は、まさにドリフの真髄である。エンディングでは、いつも最後にいかりやが「次の回も一生懸命がんばります。ごきげんよう」と力強く言っていたが、それはなかった。代わりに、立ち位置を離れてふざける加藤と志村を目にして、いかりやが微笑み、正面を向いて一礼して終わる。言葉こそないが、それがドリフのリーダーいかりや長介による最後の挨拶だった。

　雪の日に志村がいかりやの自宅を訪れてから、三十五年が経過していた。そのとき三十六歳だったいかりやは七十二歳に、十八歳だった志村は五十三歳になった。その間、蜜月の師弟関係を築いていた時期もあれば、「共演ＮＧ」だった時期もある。互いの不仲がささやかれてからは、もう二十年だ。『全員集合』が終了してからは、二人はグループを離れた場所で、ドリフと違う立場を経験してきた。

いかりやは俳優の仕事をするなかで、はじめて一人のメンバーになった。これまではドリフのリーダーとして、ずっとグループの全責任を背負ってきた。だが、映画やドラマの現場では、監督や演出家に身を任せられる。上手くいかなくても、自分一人が悩まなくていい。誰かに頼れるということが、とても新鮮だった。また、共演する俳優同士で横のつながりが生まれた。いかりやは語る。「メンバーってのはいいなと思ったのは、同次元でメンバー同士でぐちをこぼしたりできるんですね」（『person』二〇〇二年四月号）。

志村は『だいじょうぶだぁ』以降、番組の全責任を背負うリーダーになった。共演者とスタッフをまとめ、あらゆる場面で決断していかなければならない。対等に相談できる相手はなく、いつも孤独だった。志村はリーダーの資質について問われたとき、次のように答えている。「まず忍耐。それから心を込めてやっていればいつかは通じる、わかってくれるってこと」（『地上』二〇〇六年四月号）。

いかりやと志村は互いの立場に立つことで、分かりあえる部分が生まれたのではないか。

二〇〇〇年前後になると、二人の発言内容も変わってきた。

いかりやは当初からドリフを素人集団だと公言してきた。クレイジーキャッツと比べて、才能がある人間は一人もいない。だからこそ、必死になって稽古を重ね、チームワークの笑いに徹してきた。いかりやは自身についても次のように語る。「〝喜劇人〟とか〝喜劇役者〟とかいう言い方があるけど、僕はそれでもない。そういう名称の人はもうちょっと上手です（笑）」（『女性自身』二〇〇〇年十二月五日号）。いかりやの徹底した自己卑下には、彼のパーソナリティもあるだろうが、その源流をたどると、敗戦後の東京で青春時代を送れなかった悔恨に行き着くと思う。

だが、志村については、一九九九年に行われた阿《あ》川《がわ》佐《さ》和《わ》子《こ》との対談で次のように語った。

〈ドリフの前座やってるときから、体を使って動くという独特のキャラクターはありましたね。入ってからも、個人的にやるとこは、むしろあいつのほうが優れているところがあった。そういう意味では、ドリフで唯一あいつだけかな、才能があったのは（笑）。僕はいつも、うちはアンサンブルをなくしちゃったら何も残らないと言ってるんですけど、あいつはソロでいける奴ですね。〉（『週刊文春』一九九九年四月八日号）

一方、志村は「今のいかりやさんが面白いと思わない」と発言してから、いかりやについて言及することを避けてきたように見える。だが、二〇〇三年のインタビューでは次のように語った。「ドリフやいかりやさんの考え方とかは、僕は間違ってないと思ってますからね」(『文芸ポスト』二〇〇三年夏号)。

二人は師匠と弟子でありながら、同じグループのメンバーになった。その複雑な関係性が、愛憎入り交じった感情を生んだのだろう。それにくわえて、周りが詮索しすぎた面もある。私も含めて、ファンはみなドリフの関係が気になるのだ。いかりやは亡くなる二年前、志村との仲を次のように語った。私はこの言葉を信じたい。

〈私と志村じゃ、十九も年が違いますからね。仕事以外では、なかなか分かりあうのは難しいかもしれません。でも、不仲というわけじゃない。〉(『person』二〇〇二年四月号)

二〇〇四年三月二十日午後三時三十分、いかりやは入院先の病院で永眠した。テレビ局は訃報を速報で伝えている。遺体が自宅に運ばれ、仕事先からメンバーが次々に駆けつけた。高木と仲本は、そのときの状況を次のように語る。

高木「かけつけたのは、僕が一番早かったんじゃないかな。仕事帰りに飛んで行きました。長さんを前にして『バカヤロー』って思わず叫んじゃったよ。これからどうすんだよ、ドリフをどうすんだよ、って。」(『文春オンライン』)

仲本「その日、僕は登別で芝居に出てました。そこへ連絡があってね。すぐに飛行機でお通夜にかけつけて、また仕事に戻らなきゃならなかったけど、あのときばかりは涙があふれてきてね。」（『文春オンライン』）

　三月二十四日、葬儀と告別式が青山葬儀所で営まれた。花で埋め尽くされた祭壇には、キリンラガーのCMでウッドベースを弾くいかりやの写真が飾られている。出席者は約八百人、一般の弔問客が一万人も参列するなか、午後一時に式がはじまり、加藤がメンバーを代表して弔辞を読んだ。

「四十年間一生懸命、一生懸命走ってきて、絶対に妥協を許さない長さんだったよな。でも四十年間本当に気を抜かないで、一生懸命やってきたんだと思う。本当にご苦労さん。これから俺たち四人で、ドリフターズまだやっていくよ。あんたが残した、財産だからね」

　午後三時を回り、メンバーや元付き人たちが棺を霊柩車に運び、出棺を迎えた。沿道からは拍手とともに、「オイッス」「次いってみよー」「ありがとう」の声がかかった。

　テレビカメラは、葬儀の最中に志村の目からこぼれる大粒の涙を映していた。数日後に志村は雑誌の取材を受け、師匠の死を次のように語っている。

〈全身の力が抜けましたね。もうかよ、って感じです。付き人にしてもらい、なおかつメンバーに入れてもらってチャンスを与えてもらった。今の僕があるのは、いかりやさんのおかげですから、本当に感謝しています〉（『週刊ポスト』二〇〇四年四月九日号）

志村はある場面を思い出していた。昔、二人で酒を飲んだことがある。そのとき、志村はいかりやから次のように言われた（『BIG tomorrow』二〇〇四年十一月号）。

「お前、俺に似てるよな」

いかりやと志村は、自他ともに認める似たもの同士だった。いかりやの笑いを継ぐ者は、志村しかいないのだ。

喜劇王とは

いかりやの死から二年が過ぎた。二〇〇六年四月、志村はようやく念願の座長公演『志村魂』をスタートさせる。五十六歳のときだ。内容は二幕で構成し、一幕が「バカ殿様」とコント、二幕は津軽三味線の演奏と松竹新喜劇から『一姫二太郎三かぼちゃ』を上演した。演出を担当したラサール石井によれば、希望していた新橋演舞場からは、バラエティショウのようなものはできないと断られたという。新橋演舞場は藤山寛美が毎年夏に東京公演を行っていた劇場で、志村もそれを観ている。松竹新喜劇の作品だけの上演であれば可能性があったが、それでは志村の考えと違った（鈴木旭『志村けん論』）。

第一回の旗揚げ公演は東京芸術劇場と、名古屋の中日劇場で行われた。パンフレットには応援メッセージとして、立川談志や伊東四朗、中村勘三郎、笑福亭鶴瓶《しょうふくていつるべ》、藤山直美《なおみ》、ダウンタウンらのコメントが掲載されている。談志のコメントは以下の通り。「〝笑い〟ということで志村けんを信用している 一番信用しているかも知れない」。

『志村魂』は彼のライフワークになった。基本の構成はずっと変わらず、十四年間で上演した松竹新喜劇は、『一姫二太郎三かぼちゃ』『人生双六』『初午《はつうま》の日に』『先《ま》づ健康』の四作品である。だが、なぜ五十歳を越えた志村が藤山寛美へ傾倒していったのかは、日本の喜劇史を考えるうえで、今後研究すべき課題だろう。一つに、関東の笑いを代表していた志村が、なぜ関西の笑いを選んだのか。一つに、ドタバタ・ナンセンス路線のドリフを継ぐ志村が、なぜ笑って泣ける人情喜劇へ向かったのか。

日本の喜劇史では、明治三十七年に曾我廼家五郎《そがのやごろう》と曾我廼家十郎によって旗揚げされた「曾我廼家兄弟劇」が「元祖」と呼ばれる。曾我廼家兄弟劇は、全国に喜劇団ブームを起こすほどの人気を博すが、「人情喜劇」を目指す五郎と「ナンセンス喜劇」を追求する十郎が対立し、分裂した。小林信彦は、喜劇をめぐる「人情喜劇」と「ナンセンス喜劇」の対立が「昭和の喜劇人史をつらぬく赤い糸となっている」と論じている（『決定版 日本の喜劇人』）。

いかりやは藤山寛美の舞台を好んだらしいが、自らのコントはナンセンスに徹した。チャップリンの映画について語ったときも、初期の映画は楽しいが、後期の映画は「イデオロギーなんか入ってきたために小むずかしくなって、逆にちょっとだらけたな、という気がするんですけどね」と発言している（『週刊平凡』一九七八年五月二十五日号）。実際、『全員集合』と『ドリフ大爆笑』に泣ける要素は皆無だろう。

一方、『だいじょうぶだぁ』には、泣かせる無言劇のシリーズがある。オカリナ奏者の宗次《そうじ》郎《ろう》が奏でる楽曲をＢＧＭに、セリフのないシリアスなドラマが展開され、往々にして悲しい結末を迎えた。志村はインタビューで「哀愁が好きだ」と語っており、それもまた志村の世界である。五十歳を過ぎたとき、自らの最期を次のように語っていた。「理想は舞台をやってて、ガンガン笑わせて。最後の寝るシーンで拍手でワァーッとなったときに緞帳が下りてさ。スタッフが『お疲れさま』というときに死んでいたいよね」（『女性自身』二〇〇四年三月十六日号）。まさにチャップリンの『ライムライト』だ。志村は舞台を続けるうちに、年々、哀愁への志向を強めていく。松竹新喜劇に挑む理由については、次のように説明していた。

〈藤山さんが築いてきた人情味のある温かい笑いの世界を、誰かが残していかなくてはいけないと思うんですよ。それを、自分ができればいいな、と。最近のお笑いを否定するわけではないけれど、それだけがお笑いの世界ではないし。笑いながら、なんとなくしみじみとして、「やっぱり家族っていいな」「生きているっていい」と感じてもらえればなぁ、と思っています。〉(『婦人公論』二〇〇六年三月七日号)

志村が人情喜劇へと向かったのは、彼の気質にくわえて、日本人大衆のメンタリティに関わっていると思う。志村が弟子入りを考えた由利徹は、日劇や新宿コマ劇場で喜劇公演の座長を務め、最期まで笑いを貫いた喜劇人である。その由利も晩年には、「客は笑いたいけど泣きたくて芝居を見に来るんだからな」と話していた(『笑芸人』VOL.1)。また、松竹新喜劇の創立者の一人で、生涯に千本の脚本を書いたという二代目渋谷天外も、喜劇を論じるなかで、「今日のお客も、涙を要求している点では、五郎劇の時代とかわりはないようである。いかにお笑いとはいえ、涙がないと承知しないのである」と記している(『わが喜劇』)。

小さな劇場であれば、自らのファンに向けた笑いだけの舞台も成り立つ。だが、志村の相手はいつも大衆なのだ。純粋に笑いを求めるファンだけでなく、笑いながら泣きたいという大衆の欲望にも向き合わなければならない。だからこそ、『志村魂』は二幕構成が必要だったのではないか。一幕でドリフ時代からのナンセンスの笑いを見せ、二幕の人情喜劇で笑って泣かせる。結果的に志村の舞台には、対立する日本の喜劇史が二つながら流れ込んでいった。それを実現したのはコメディアン／喜劇人としての志村の肉体である。志村は最後に残された喜劇人として、日本の喜劇の歴史そのものを背負っているかのようだ。

一九九〇年代の志村は、マスコミから「笑いの王様」「コメディ王」「コントの求道者」などと呼ばれていた。それが『志村魂』をはじめた二〇〇六年頃から、次第に「喜劇王」の称号が冠されるようになる。

「喜劇王」とはいかにも古めかしい。エノケンやロッパが「喜劇王」として輝いていたのは昭和前期である。大劇場で毎月のように喜劇公演が行われ、ライバルたちが互いにしのぎを削っていた。だが、今は喜劇だけでなく演劇そのものが、大衆が日常的に接する娯楽ではなくなっている。観劇は個人の趣味になり、休日に家族揃って劇場に行く家など、まれだろう。どんなに探しても、劇場のなかに大衆はいないのだ。

テレビの世界でも笑いの細分化がさらに進行した。家族で同じ番組を見る時代はとうに過ぎ去り、テレビは動画配信サービスでいつでも自由に視聴できる。また、インターネットには娯楽があふれ、芸人たちは個々にYouTubeでファンに向けた配信を行っている。今や誰もが自分の好きな時間に好きな場所で娯楽を享受できるようになった。人々を同じ時間に同じ場所へ「全員集合」させることは、もはやできないのだ。

志村はそんな時代の「喜劇王」だった。「喜劇王」とは何か。マスコミは偉大な喜劇人の意味で使っているが、それだけでは不充分である。王であるからには、大衆の笑いへの欲望を体現し、笑いによって大衆を統合する存在だろう。過去にはエノケンやロッパが、舞台や映画を通して全国に笑いを提供し、笑いによって国民を統合した。だが、現代ではそのような存在は必要とされていない。娯楽によって大衆を統合するという発想が、時代遅れだ。それでも志村は自らの意志で大衆と向き合い、全世代に受け入れられる普遍的な笑いを追求した。それは『全員集合』以来のドリフの思想である。二十一世紀になってもその思想を胸に抱き、その実現を自らの使命とした志村は、「喜劇王」を必要としない時代の「喜劇王」になった。

それはあきらかに孤独な道だった。一匹狼のように生きるのはしんどくないかと聞かれたとき、志村は次のように答えている。

〈しんどくはないけど、寂しいとは思いますよ。本当は僕のお笑いに対する気持ちを分かってくれるコント好きの人たちが、僕のもとに集まってくれれば一番いいですけど、今では真剣にコントをやろうと思う人はなかなかいないのでね。〉（『CIRCUS』二〇〇九年三月号）

志村を慕う芸人は多い。だが、彼らは笑いが細分化した時代を生きる芸人だ。ましてや大衆の欲望を体現し、大衆を統合しようとは思わないだろう。今後、優れた喜劇人なら現れるかもしれないが、「喜劇王」は間違いなく志村が最後である。

桜の舞う雪の日

「ここまで来て今さら、ドリフという名前を否定できるメンバーはいない」――いかりやは生前に自伝『だめだこりゃ』のなかで、そう記していた。

状況はそれから二十年経っても変わらなかった。いかりやの死後、ドリフの四人全員が揃う仕事は数少なく、コントの共演にいたってはわずか二回しかない。それでもドリフの名は風化せず、彼らはいつまでもドリフのメンバーとして世間から認知されている。四人での最後のコントは、二〇一七年三月十五日放送の『志村けんのだいじょうぶだぁ　ドリフみんな大集合スペシャル』で行われた寝台車のコントだった。『ドリフ大爆笑』の「もしもシリーズ」からのリメイクとはいえ、すっかり過去のものになった寝台車を舞台にするところがいかにもドリフである。

『志村魂』は二〇一四年から東京公演が明治座で行われた。明治座は客席が約千四百席あり、「大衆演劇の殿堂」とも呼ばれる劇場だ。明治座の他の公演がS席一万円を超えるなか、『志村魂』がS席八千五百円に設定されていたのは志村の意向だろう。地方公演は、名古屋が旗揚げから中日劇場を拠点にし、劇場閉鎖後の二〇一八年からは御《み》園《その》座に移っている。大阪でも二〇一六年から新歌舞伎座公演がはじまった。『志村魂』は三大都市の大劇場公演が恒例となり、志村は舞台の喜劇人として着実に成果を積み重ねていた。

だが、反対にテレビの世界では、志村のコント番組の視聴率が落ちてきていた。もちろん、テレビ全体の総世帯視聴率の低下という構造的な問題があるが、テレビ局は長寿番組を打ち切ってでも、コスト削減を強力に進めている。二〇一八年にフジテレビが『とんねるずのみなさんのおかげでした』と『めちゃ×2イケてるッ！』を相次いで終了させた際には、一部メディアが『バカ殿様』や深夜番組の打ち切り説を報じた。制作費のかかるコント番組は当然、リストラ候補になる。その一方で、ドリフのコントは時代を超えるコンテンツになる可能性があり、志村の番組によってコント制作のノウハウを継承できる利点もあるだろう。番組が継続したのは、その辺の判断が働いたのかもしれない。

　二〇二〇年、志村は七十歳を迎え、新たな道に進もうとしていた。これまで役者のオファーを頑なに断ってきたが、二〇二〇年度前期のNHK連続テレビ小説『エール』に出演し、年末公開の山田《やまだ》洋次《ようじ》監督『キネマの神様』では映画初主演を務める予定だった。また、七月に東京オリンピックの聖火ランナーとして東村山市を走ることも内定していた。

　テレビ離れが叫ばれるなか、「国民的ドラマ」と呼べる数少ない番組が朝ドラと大河ドラマだろう。山田洋次は長らく「国民的映画」の『男はつらいよ』シリーズを撮ってきた監督だ。オリンピックはまさに「国民的イベント」である。古希を迎えた志村が笑いを離れて選んだ仕事は、どれも「国民的」と冠されるものだった。それは、日本の「喜劇王」にとっての花道であり、また、新たな門出になるかもしれなかった。

　だが、そのすべてを、新型コロナウィルスが奪っていった。二〇二〇年三月二十九日、その日の東京は閑散とした街並みに満開の桜と雪が舞っていた。夜半に志村は肺炎のため入院先の病院で永眠した。感染防止のため、親族ですら遺体との対面が叶わず、盛大な葬儀・告別式は行われなかった。

志村けんは、私たちの前から忽然《こつぜん》と姿を消したのである。

最後にもう一度、演劇史のなかのドリフについて記したい。日本の近代演劇は、あらゆる階層の国民／大衆を同時に楽しませ、統合することを夢見てきた。それは所詮、夢にすぎず、坪内逍遥にせよ小林一三にせよ、志半ばで終わる。その後、娯楽の中心はテレビに移り、誰も演劇にその夢を託さなくなった。だが、ドリフを一つの劇団として、『全員集合』を舞台として考えるなら、彼らはテレビというメディアの力を使って、その一部を実現したのではないか。そして、晩年の志村は再び大劇場に立つことで、逍遥や小林が抱いた夢の、最後の継承者になった。だが、その志村はもういない。志村の死によって、日本の近代演劇が抱いた夢、その最後の灯が消えたのである。

ドリフは常に大衆とともにあった。そのコントはマンネリと言われ、シュールな笑いもなければ、高度な社会風刺もない。だが、彼らは少数の理解者ではなく、大多数の大衆と向き合ってきたのだ。次の志村の言葉がドリフの笑いの本質だろう。

〈人間、つらいことがあっても、笑っていれば、瞬間、そのつらさを忘れることができるじゃないですか。たとえ一瞬でも……。そういう笑いをつくれれば、僕は十分なんだよね。人に夢を与えようとか、エラそうなことは思わない。レベルが低いと言われようとも、夢をもてないような人たちにも笑ってもらい、つらさを一瞬でも忘れてもらえば「上等だ」と。〉（『BIG tomorrow』一九九九年三月号）

これぞドリフであり、これぞ喜劇王志村けんである。

あとがき

月に一度の『ドリフ大爆笑』が楽しみだったあの頃、まさか自分がドリフに関する本を書くとは思ってもみなかった。ドリフを論じるという大きな舞台に立ち、約一年間の執筆期間中は、身震いするような気持ちだった。

本書の構想は以前からあったが、本格的に始動したのは、志村けんさんが亡くなってすぐに、文春新書編集部の水上奥人さんと悲しみを共有したときである。水上さんが担当編集者として伴走してくれたから、本書は完成にこぎつけた。心より感謝申し上げたい。

また、旧著『昭和芸人 七人の最期』の担当編集者であり、友人の谷村友也さんには、大きなテーマに尻込みする私の背中を押していただいた。お礼を申し上げる。

最後に、昔も今も、笑いによって人生のつらさを忘れさせてくれるザ・ドリフターズのみなさんに最大限の感謝を捧げたい。

二〇二二年五月

笹山敬輔

主要参考文献

① ドリフのメンバー、親族、スタッフの著作やインタビューなど

いかりや浩一『いかりや長介という生き方』幻冬舎文庫、二〇〇八年／いかりや長介『だめだこりゃ』新潮文庫、二〇〇三年／居作昌果『これがドリフターズだ』サンケイ出版、一九八一年／居作昌果『8時だョ!全員集合伝説』双葉文庫、二〇〇一年／大倉徹也『放送作家の時間』イースト・プレス、二〇一九年／久米宏『最後の晩餐——久米宏対話集』集英社、一九九九年／黒井克行『男の引き際』新潮新書、二〇〇四年／志賀信夫『テレビを創った人びと』日本工業新聞社、一九七九年／志村けん『変なおじさん【完全版】』新潮文庫、二〇〇二年／志村けん『志村流』王様文庫、二〇〇五年／志村けん『志村流遊び術』マガジンハウス文庫、二〇二〇年／志村けん『志村けん １６０の言葉』青志社、二〇二〇年／白井荘也『マイケル・ジャクソン来日秘話——テレビ屋の友情が生んだ20世紀最大規模のショービジネス』DU BOOKS、二〇一七年／高木ブー『第5の男——どこにでもいる僕』朝日新聞社、二〇〇三年／田村隆『「ゲバゲバ」「みごろ!たべごろ!」「全員集合」——ぼくの書いた笑テレビ』双葉社、二〇〇二年／田村隆『昭和バラエティ番組の時代』河出書房新社、二〇一八年／塚田茂『どんどんクジラの笑劇人生』河出書房新社、一九九一年／山田満郎著、加藤義彦取材・構成『8時だョ!全員集合の作り方』双葉社、二〇〇一年／ＮＨＫ「わたしはあきらめない」制作班・ＫＴＣ中央出版編『志村けん——わたしはあきらめない』ＫＴＣ中央出版、二〇〇三年

② ドリフに関する著作や特集など

片山杜秀「夏裘冬扇50『東村山音頭』の戦後文化史的意義について」『週刊新潮』新潮社、二〇二〇年四

月三十日号／乾き亭げそ太郎『我が師・志村けん――僕が「笑いの王様」から学んだこと』集英社インターナショナル、二〇二一年／産経新聞特集部編『新ライバル物語――闘いが生む現代の伝説』第一巻、柏書房、二〇〇四年／鈴木旭『志村けん論』朝日新聞出版、二〇二一年／西﨑伸彦「『師であり敵』いかりや長介を倒せ　志村けん　愛と憎しみの『全員集合』」（全四回）『週刊文春』文藝春秋、二〇二〇年八月十三・二十日合併号～九月十七日号／「土曜8時テレビ戦争」『笑芸人』ＶＯＬ．1、白夜書房、一九九九年冬号／加藤義彦・鈴木啓之監修『コミック・バンド全員集合！』ミュージック・マガジン、二〇〇六年三月／「ドリフの時代、その音楽」（全十二回）『朝日新聞』朝日新聞社、二〇二〇年五月二十六日～六月十二日

③　同時代の喜劇人や芸人に関する著作など

犬塚弘・佐藤利明『最後のクレイジー　犬塚弘――ホンダラ一代、ここにあり！』講談社、二〇一三年／太田省一『社会は笑う・増補版――ボケとツッコミの人間関係』青弓社、二〇一三年／小林信彦『世界の喜劇人』新潮文庫、一九八三年／小林信彦『笑学百科』新潮文庫、一九八五年／小林信彦・萩本欽一『小林信彦　萩本欽一　ふたりの笑タイム――名喜劇人たちの横顔・素顔・舞台裏』集英社文庫、二〇一七年／小林信彦『決定版　日本の喜劇人』新潮社、二〇二一年／小林のり一著、戸田学編『何はなくとも三木のり平――父の背中越しに見た戦後東京喜劇』青土社、二〇二〇年／西条昇『東京コメディアンの逆襲』光文社文庫、一九九八年／佐藤利明・町田心乱・鈴木啓之編『クレージー映画大全――無責任グラフィティ』フィルムアート社、一九九七年／佐藤利明編著『植木等ショー！クレージーＴＶ大全』洋泉社、二〇一〇年／佐藤利明『クレイジー音楽大全――クレイジーキャッツ・サウンド・クロニクル』シンコーミュージック・エンタテイメント、二〇一八年／渋谷天外『わが喜劇』三一書房、一九七二年／高田文夫編

『江戸前で笑いたい——志ん生からビートたけしへ』中公文庫、二〇〇一年／高平哲郎『由利徹が行く〈増補新版〉』白水社、一九九六年／高平哲郎『銀座の学校・新宿の授業』ヨシモトブックス、二〇一四年／立川談志『談志受け咄』三一書房、一九九七年／谷啓『七人のネコとトロンボーン』読売新聞社、一九九五年／戸井十月『植木等伝「わかっちゃいるけど、やめられない！」』小学館文庫、二〇一〇年／萩本欽一『欽ちゃんの愛の世界45』小学館、一九八四年／萩本欽一『欽ちゃんつんのめり』光文社、一九八四年／萩本欽一『テレビに恋して20年』日本スポーツ出版社、一九八八年／萩本欽一『なんでそーなるの！——萩本欽一自伝』集英社文庫、二〇一〇年／フランキー堺『芸夢感覚——フランキー人生劇場』集英社、一九九三年／向井爽也『喜劇人哀楽帖』文化出版局、一九七八年／山下勝利『ハナ肇とクレージー・キャッツ物語』朝日新聞社、一九八五年／山中伊知郎『オヒョイさんになりたい』風塵社、一九九八年／山中伊知郎『小説・コント55号——いくよ、二郎さん　はいな、欽ちゃん』竹書房、二〇一一年／ラリー遠田『お笑い世代論——ドリフから霜降り明星まで』光文社新書、二〇二二年

④　同時代のバンドマンに関する著作など

永六輔『坂本九ものがたり——六・八・九の九』中公文庫、一九九〇年／ジェリー藤尾著、小田豊二聞き書き『ともあれ、人生は美しい——昭和を生き抜いたジェリー藤尾の真実』創美社、二〇〇五年／寺内タケシ『エレキ部落の大統領』朝日書院、一九六八年／寺内タケシ『テケテケ伝』講談社、二〇〇〇年／平尾昌晃『昭和歌謡１９４５～１９８９——歌謡曲黄金期のラブソングと日本人』廣済堂新書、二〇一三年／ビリー諸川『昭和浪漫　ロカビリー——聞き書き：ジャズ喫茶からウエスタン・カーニバルへ』平凡社、二〇〇五年／ミッキー・カーチス『おれと戦争と音楽と』亜紀書房、二〇一二年／山下勝利『芸バカ列伝』旺文社文庫、一九八五年／山下敬二郎『リセット。』人間と歴史社、二〇〇二年

⑤　テレビ史文献

阿久悠『夢を食った男たち――「スター誕生」と歌謡曲黄金の70年代』文春文庫、二〇〇七年／市川哲夫編『70年代と80年代――テレビが輝いていた時代』毎日新聞出版、二〇一五年／井原高忠『元祖テレビ屋大奮戦！』文藝春秋、一九八三年／大見崇晴『「テレビリアリティ」の時代』大和書房、二〇一三年／加藤義彦『「時間ですよ」を作った男――久世光彦のドラマ世界』双葉社、二〇〇七年／北田暁大『嗤う日本の「ナショナリズム」』日本放送出版協会、二〇〇五年／軍司貞則『ナベプロ帝国の興亡』文春文庫、一九九五年／小林信彦編『テレビの黄金時代　復刻版』キネマ旬報社、一九八七年／小林信彦『テレビの黄金時代』文春文庫、二〇〇五年／佐藤義和『バラエティ番組がなくなる日』主婦の友新書、二〇一一年／志賀信夫『テレビ番組事始――創生期のテレビ番組25年史』日本放送出版協会、二〇〇八年／高田文夫・笑芸人編集部編著『完璧版　テレビバラエティ大笑辞典』白夜書房、二〇〇三年／東京放送編『ＴＢＳ50年史』東京放送、二〇〇二年／戸部田誠『１９８９年のテレビっ子』双葉社、二〇一六年／日本放送作家協会編『テレビ作家たちの50年』日本放送出版協会、二〇〇九年／野地秩嘉『渡辺晋物語――昭和のスター王国を築いた男』マガジンハウス、二〇一〇年／長谷正人・太田省一編著『テレビだョ！全員集合――自作自演の１９７０年代』青弓社、二〇〇七年／前田武彦『マエタケのテレビ半生記』いそっぷ社、二〇〇三年／松下治夫『芸能王国渡辺プロの真実。――渡辺晋との軌跡』青志社、二〇〇七年／三宅恵介『ひょうきんディレクター、三宅デタガリ恵介です』新潮社、二〇一五年／山下武『大正テレビ寄席の芸人たち』東京堂出版、二〇〇一年／横澤彪『犬も歩けばプロデューサー――私的なメディア進化論』日本放送出版協会、一九九四年／吉田正樹『人生で大切なことは全部フジテレビで学んだ――『笑う犬』プロデューサーの履歴書』キネマ旬報社、二〇一〇年／読売新聞芸能部編『テレビ番組の40年』日本放送出版協会、一九九四年／渡辺音楽文化フォーラム「渡辺プロ・グループ四〇年史」編纂委員会編『抱えきれない夢――渡辺プロ・グループ四〇年史』渡辺音楽文化フォーラム、一九九九年／『80年代テレビバラエティ黄金伝説』洋泉社、二〇一三年

⑥　音楽史文献

青木深『めぐりあうものたちの群像――戦後日本の米軍基地と音楽１９４５－１９５８』大月書店、二〇一三年／青柳茂樹編『ポップス黄金時代――１９５５〜１９６４』シンコー・ミュージック、一九八七年／阿部勘一・細川周平・塚原康子・東谷護・高澤智昌『ブラスバンドの社会史――軍楽隊から歌伴へ』青弓社、二〇〇一年／色川武大『唄えば天国ジャズソング』ちくま文庫、一九九〇年／内田晃一『日本のジャズ史――戦前戦後』スイング・ジャーナル社、一九七六年／大石始『ニッポン大音頭時代――「東京音頭」から始まる流行音楽のかたち』河出書房新社、二〇一五年／大村亨『「ビートルズと日本」熱狂の記録』シンコーミュージック・エンタテイメント、二〇一六年／黒沢進監修『ルーツ・オブ・ジャパニーズ・ポップス　１９５５－１９７０――ロカビリーからグループサウンズまで』バーン・コーポレーション、一九九五年／佐藤剛『ウェルカム！ビートルズ――１９６６年の武道館公演を実現させたビジネスマンたち』リットーミュージック、二〇一八年／柴田克彦『山本直純と小澤征爾』朝日新書、二〇一七年／瀬川昌久『ジャズで踊って――舶来音楽芸能史』清流出版、二〇〇五年／辻田真佐憲『日本の軍歌――国民的音楽の歴史』幻冬舎新書、二〇一四年／寺内タケシ監修、井上達彦著『新宿ＡＣＢ――60年代ジャズ喫茶のヒーローたち』講談社、二〇〇三年／東谷護『進駐軍クラブから歌謡曲へ――戦後日本ポピュラー音楽の黎明期』みすず書房、二〇〇五年／戸ノ下達也編著『〈戦後〉の音楽文化』青弓社、二〇一六年／宮永正隆『ビートルズ来日学――１９６６年、４人と出会った日本人の証言』DU BOOKS、二〇一六年

／矢野利裕『コミックソングがＪ－ＰＯＰを作った——軽薄の音楽史』Ｐヴァイン、二〇一九年／輪島裕介『踊る昭和歌謡——リズムからみる大衆音楽』ＮＨＫ出版新書、二〇一五年

⑦ 演劇史・映画史文献

大阪府立上方演芸資料館編『上方演芸大全』創元社、二〇〇八年／大笹吉雄『日本現代演劇史』全八巻、白水社、一九八五～二〇〇一年／神山彰編『忘れられた演劇』森話社、二〇一四年／神山彰編『商業演劇の光芒』森話社、二〇一四年／北村洋『敗戦とハリウッド』名古屋大学出版会、二〇一四年／瀬川昌治『乾杯！ごきげん映画人生』清流出版、二〇〇七年／田波靖男『映画が夢を語れたとき』広美出版事業部、一九九七年／谷川建司『アメリカ映画と占領政策』京都大学学術出版会、二〇〇二年／橋本与志夫『日劇レビュー史——日劇ダンシングチーム栄光の50年』三一書房、一九九七年／原健太郎『東京喜劇——〈アチャラカ〉の歴史』ＮＴＴ出版、一九九四年／和田誠『ビギン・ザ・ビギン——日本ショウビジネス楽屋口』文春文庫、一九八六年

⑧ その他

海上雅臣『井上有一——書は万人の芸術である』ミネルヴァ書房、二〇〇五年／加瀬和俊『集団就職の時代——高度成長のにない手たち』青木書店、一九九七年／谷川建司編著『占領期のキーワード１００——１９４５－１９５２』青弓社、二〇一一年／中川右介『昭和45年11月25日——三島由紀夫自決、日本が受けた衝撃』幻冬舎新書、二〇一〇年／『連合赤軍〝狼〟たちの時代——１９６９－１９７５』毎日新聞社、一九九九年

笹山敬輔（ささやま　けいすけ）

1979年、富山県生まれ。演劇研究者。筑波大学大学院博士課程人文社会科学研究科文芸・言語専攻修了。博士（文学）。著書に『昭和芸人七人の最期』（文春文庫）、『演技術の日本近代』（森話社）、『幻の近代アイドル史　明治・大正・昭和の大衆芸能盛衰記』（彩流社）、『興行師列伝　愛と裏切りの近代芸能史』（新潮新書）。

文春新書

1364

ドリフターズとその時代《じだい》

2022年6月20日　第1刷発行

著　者　笹　山　敬　輔
発行者　大　松　芳　男
発行所　株式会社　文　藝　春　秋

〒102-8008　東京都千代田区紀尾井町 3-23
電話（03）3265-1211（代表）

印刷所　理　想　社
付物印刷　大　日　本　印　刷
製本所　大　口　製　本

定価はカバーに表示してあります。
万一、落丁・乱丁の場合は小社製作部宛お送り下さい。
送料小社負担でお取替え致します。

ISBN978-4-16-661364-9

文春新書のロングセラー

樹木希林
一切なりゆき
樹木希林のことば

二〇一八年、惜しくも世を去った名女優が語り尽くした生と死、家族、女と男……。ユーモアと洞察に満ちた希林流生き方のエッセンス

1194

中野信子
サイコパス

クールに犯罪を遂行し、しかも罪悪感はゼロ。そんな「あの人」の脳には隠された秘密があった。最新の脳科学が解き明かす禁断の事実

1094

橘　玲
女と男　なぜわかりあえないのか

単純な男性脳では、複雑すぎる女性脳は理解できない！「週刊文春」の人気連載「臆病者のための楽しい人生１００年計画」を新書化

1265

ジャレド・ダイアモンド　ポール・クルーグマン　リンダ・グラットンほか
コロナ後の世界

新型コロナウイルスは、人類の未来をどう変えるのか？　世界が誇る知識人六名に緊急インタビュー。二〇二〇年代の羅針盤を提示する

1271

立花　隆
知の旅は終わらない
僕が３万冊を読み１００冊を書いて考えてきたこと

立花隆は巨大な山だ。政治、科学、歴史、音楽……、万夫不当の仕事の山と、その人生を初めて語った。氏を衝き動かしたものは何なのか

1247

文藝春秋刊